L'énergie de la VAGUE créatrice

~~~ Summer McStravick ~~~

Traduit de l'anglais
par Patrice Nadeau

L'auteure de ce livre ne fournit pas de conseils médicaux et ne prescrit l'utilisation d'aucun traitement dans le but de régler un problème de santé sans l'avis d'un médecin, que ce soit directement ou indirectement. L'intention de l'auteure se limite à fournir des informations de nature générale pour vous aider dans votre quête de bien-être émotionnel et spirituel. Si vous décidez d'utiliser les informations présentées dans ce livre, comme c'est votre droit le plus strict, l'auteure et l'éditeur ne pourront être tenus responsables de vos actions.

Copyright © 2006 Summer McStravick
Titre original anglais : Flow-dreaming
Copyright © 2007 Éditions AdA Inc. pour la traduction française
Cette publication est publiée en accord avec Hay House, Inc.
Tous droits réservés. Aucune partie de ce livre ne peut être reproduite sous quelque forme que ce soit sans la permission écrite de l'éditeur, sauf dans le cas d'une critique littéraire.

Éditeur : François Doucet
Traduction : Patrice Nadeau
Révision linguistique : Nicole Demers et André St-Hilaire
Révision : Nancy Coulombe
Montage de la couverture : Nancy Lizotte, Matthieu Fortin
Mise en page : Nancy Lizotte, Sylvie Valois
Design de la couverture : Charles McStravick
ISBN 978-2-89565-489-6
Première impression : 2007
Dépôt légal : 2007
Bibliothèque et Archives nationales du Québec
Bibliothèque Nationale du Canada

Éditions AdA Inc.
1385, boul. Lionel-Boulet
Varennes, Québec, Canada, J3X 1P7
Téléphone : 450-929-0296
Télécopieur : 450-929-0220
www.ada-inc.com
info@ada-inc.com

Diffusion
Canada :   Éditions AdA Inc.
France :   D.G. Diffusion
               ZI de Bogues
               31750 Escalquens – France
               Téléphone : 05.61.00.09.99
Suisse :   Transat - 23.42.77.40
Belgique :   D.G. Diffusion - 05.61.00.09.99

Imprimé au Canada
Participation de la SODEC.
Nous reconnaissons l'aide financière du gouvernement du Canada par l'entremise du Programme d'aide au développement de l'industrie de l'édition (PADIÉ) pour nos activités d'édition.
Gouvernement du Québec - Programme de crédit d'impôt pour l'édition de livres - Gestion SODEC.

À ma mère, Venus Andrecht,
dont les vastes connaissances, l'optimisme inébranlable
et la persévérance en général m'ont aidée à diriger ma vie.
Je n'aurais pu choisir une meilleure famille où venir au
monde. Sans la collaboration de ma mère, je n'aurais pu
créer le concept de la vague créatrice, et le présent ouvrage
n'aurait jamais vu le jour.

Et, à mon mari, Charles,
pour son appui et son indulgence lors de mes
« dimanches d'écriture », ainsi que pour son scepticisme
naturel qui m'a permis de conserver mon équilibre.

Table des matières

Introduction   7

CHAPITRE 1 :	**Comment j'ai découvert l'énergie de la vague créatrice**	13
CHAPITRE 2 :	**Qu'est-ce que la vague créatrice ?**	23
CHAPITRE 3 :	**Se préparer à rêver à sa vague créatrice**	41
CHAPITRE 4 :	**Rêver la vague créatrice, étape par étape**	63
CHAPITRE 5 :	**Comment obtenir ce que vous voulez de la vague créatrice**	79
CHAPITRE 6 :	**Rêver la vague : questions et réponses**	99
CHAPITRE 7 :	**La science derrière la vague créatrice**	121

ANNEXES

Mode d'emploi du CD   143
Des ressources pour la recherche   147
Références   151
Au sujet de l'auteure   153

Introduction

Nous savons depuis toujours qu'une vague d'énergie nous entoure. Nous sentons instinctivement sa présence lorsqu'elle nous emporte ou que nous nous y opposons. En certaines occasions (qui surviennent juste assez souvent pour nous bouleverser), par exemple lorsque nous admirons un coucher de soleil ou le ciel étoilé, nous avons même le privilège de sentir que nous *en faisons partie*, que nous sommes faits de la même étoffe qu'elle. La vague est à la fois ce qui assure la cohésion de l'Univers *et* l'Univers lui-même.

Si vous avez le moindre doute à ce sujet, vous n'avez qu'à penser à toutes les fois où vous avez employé l'expression « Allez, suis la vague ! » Quand vous l'avez fait, vous avez pressenti la pertinence de ce conseil, reconnaissant peut-être intuitivement qu'il existe une force vitale — une essence particulière — qui nous emporte vers notre destin. Si nous allons dans le sens qu'elle nous indique, nous allégerons notre fardeau et atteindrons des rivages plus accueillants. Nous avons le pressentiment que cette essence est favorable et pure, et nous *voulons* nous y abandonner. En d'autres mots, lorsque nous affirmons que nous « suivons la vague », nous voulons dire que nous allons dans la bonne direction… peu importe notre destination.

La vague peut être imaginée comme un grand fleuve, un flot continu de création qui imprègne tout ce qu'elle touche de sa force vitale. Comme le grand penseur et poète américain, Ralph Waldo Emerson, le faisait observer un jour, « Placez-vous au milieu d'un courant d'énergie et de sagesse qui anime tous ceux qu'il baigne, et vous serez vous-même emporté sans effort vers la vérité, vers ce qui est juste et vers un état de contentement parfait. »

Emerson faisait-il allusion à la vague créatrice ? Sans l'ombre d'un doute !

Carl Jung, l'éminent psychologue et fondateur de la théorie qui porte son nom, avait lui aussi une compréhension profonde de ce phénomène. Considérez ce commentaire dont il est l'auteur : « Il m'arrive parfois d'avoir l'impression que mon être se fond dans le paysage, à l'intérieur même des choses, et que je vis dans chaque arbre, dans le reflux des vagues, dans les nuages et les animaux qui vont et viennent, dans la procession des saisons. »

De nos jours encore, les gens sentent la présence de la vague et rédigent des écrits sur le sujet. Certains d'entre nous voient la vague d'un point de vue spirituel, comme un grand fleuve d'énergie dynamique, créatrice et universelle, animé d'une conscience et d'un esprit (nous pourrions aussi l'appeler *tao*, *ki*, *prana*, l'essence de la vie, etc.). D'autres la voient dans une perspective scientifique, comme un champ primordial d'énergie aux possibilités infinies, animé de forces quantiques que nous commençons à peine à comprendre (le champ au point zéro, la théorie élusive du « Tout », etc.).

D'autres encore perçoivent la vague à travers la lentille de l'intimité intérieure, où elle porte simplement un autre nom pour Dieu : une force sage, pleine de compassion, aimante, qui baigne toute chose et qui se trouve dans tout ce qui existe, puisque tout n'est-il pas à la fois *de* Dieu et une *partie de* Lui ? Le Créateur peut-il travailler avec une matière dont Il n'est pas lui-même l'auteur ? Répondre affirmativement à cette question voudrait dire que quelqu'un d'autre a conçu cette matière… et nous savons qu'il ne peut en être ainsi. Alors, tout ce que nous touchons, tout ce dont nous faisons l'expérience est littéralement une parcelle d'énergie divine, qu'il s'agisse du livre que vous lisez présentement ou du paysage montagneux que vous admirez par la fenêtre. Tout cela est simplement une expression physique d'une partie de l'énergie primordiale de Dieu — aussi remarquable que cela puisse paraître. Alors, lorsque vous tournez votre attention volontairement et consciemment vers cette énergie (ou vers cet état), vous devenez simplement conscient du flot d'énergie de Dieu.

L'auteur contemporain Joni Rodgers a fait cette observation remarquable au sujet de la prière, une observation qui exprime l'essentiel de cette manière de comprendre la vague : « Plusieurs personnes croient qu'elles ne savent pas prier. Pensez simplement à Dieu comme à un grand fleuve qui traverse l'Univers. L'idée de la prière n'est pas d'arracher le Créateur au courant, mais d'y plonger avec Lui. »

Peu importe de quelle manière nous choisissons de comprendre la vague, imaginons que cette dernière englobe *toutes* ces choses. Elle revêt un habit aux multiples couleurs et, dès que nous regardons l'une des facettes de ce kaléidoscope, son sens nous apparaît. Même les athées, qui s'émerveillent devant

Introduction

la beauté et la complexité de notre réalité, adhèrent à cette vision lorsqu'ils placent leur foi dans la science — parce que la vague est tout ce que chacun perçoit comme étant le fondement de la vie et de la beauté dans notre monde, et dans notre galaxie. Il s'agit toujours de la même chose, mais vue à travers des lentilles différentes.

Ce que je désire vous montrer maintenant, c'est comment vous tourner vers cette majesté et, ce faisant, découvrir la puissance infiniment créatrice et organisatrice de la vague.

Chapitre 1

Comment j'ai découvert l'énergie de la vague créatrice

L'histoire commence ainsi.

— Maman, je suis découragée. C'est comme si je me frappais la tête contre les murs. Je travaille sept jours sur sept à ce projet et je n'aboutis à rien — mon magazine ne décolle pas. J'ai besoin de ton aide.

À l'autre bout du fil, ma mère Venus, de sa maison lumineusement décorée située dans les montagnes du sud de la Californie, essayait de me consoler de son mieux. Il faut dire que, depuis plus de 30 ans, maman est conseillère psychique auprès de très nombreuses personnes, auxquelles elle offre son don unique de « voyance ».

J'avais désespérément besoin de son assistance. Je n'étais toutefois pas à la recherche d'intuitions psychiques — ce qu'il me fallait, c'était de l'énergie *en mouvement*. J'avais besoin de provoquer des résultats dans une entreprise qui m'apparaissait comme un trou noir, aspirant toutes mes énergies et ne laissant échapper qu'un mince filet de revenus.

— Le temps de venir là-bas avec moi maintenant ? ai-je demandé à maman.

— Bien sûr, a-t-elle répondu. Veux-tu que nous fassions comme d'habitude ?

— Non, essayons quelque chose de différent cette fois-ci, suggérai-je. J'ai une idée… suis-moi simplement. Je te dirai ce qu'il faut faire en cours de route.

Maman et moi avons fermé les yeux, collant le récepteur à notre oreille, et j'ai alors commencé à décrire un lieu que nous n'avions jamais visité auparavant.

Depuis quelque temps déjà, je m'adonnais quotidiennement à la visualisation créatrice, dans laquelle je vois et ressens les choses que je désire dans ma vie. Il s'agit d'une idée ancienne (datant des années 1800) qui consiste essentiellement à fermer les yeux et à imaginer précisément l'existence idéale qu'on souhaite. Il ne s'agit toutefois pas d'une prière. Vous n'avez qu'à voir et à sentir la situation à laquelle vous aspirez, jusque dans les moindres détails. De plus, vous devez vous comporter comme si vous *aviez déjà* ce que vous voulez. Si vous ajoutez des affirmations positives à vos visualisations, vous pourrez accroître l'efficacité de ces dernières. De nos jours, les gens parlent de réaliser un « accord vibratoire » avec ce qu'ils désirent et de maintenir leurs pensées alignées avec leurs buts.

Quoi qu'il en soit, je jonglais avec ces idées depuis des années, les assimilant tout en les adaptant à une technique pratiquée dans notre famille depuis toujours. Au cours de ses sessions de voyance, ma mère se rend à un « endroit » spécial, en élevant son esprit au-dessus de toutes choses (un état semblable à celui dont on parle dans la pensée bouddhiste). Depuis ce « vide », elle peut se focaliser directement sur toute personne que vous lui indiquez, peu importe de qui il s'agit, peu importe l'endroit dans le monde — tout ce dont ma mère a besoin, c'est d'un prénom et d'un nom. Comme un avion volant à haute altitude, elle modifie sa perspective et, de cette position privilégiée, elle arrive à localiser la personne. Ayant retrouvé cette dernière, elle permet alors à son esprit de « toucher » au sien, et, après avoir demandé la permission, elle pénètre dans les pensées de la personne pour l'interroger. Il s'agit d'une aptitude très particulière, dont elle m'a transmis les rudiments.

C'est ainsi qu'au cours de mes méditations j'avais décidé d'essayer de combiner sa technique « de s'élever dans le vide » à la visualisation créatrice que je pratiquais — en résumé, de mêler les deux pour voir ce que j'obtiendrais. Tenant le récepteur contre mon oreille ce jour-là, j'ai commencé à nous diriger, ma mère et moi, dans ce que je croyais être simplement une variante intéressante de la visualisation.

J'ai commencé à sentir une énergie autour de mon corps, comme un champ vivant animé de vibrations. Je l'ai imaginée en esprit, mais je me suis également appliquée à ressentir *physiquement* la sensation d'enveloppement dans un flot bourdonnant d'énergie vibratoire. Mentalement, j'ai laissé cette énergie se répandre dans celle du monde autour de moi — mêlant ma propre énergie et celle du milieu ambiant — de telle sorte que je ne puisse plus les différencier. En faisant appel à ma créativité pour donner vie à l'expérience, j'ai ressenti la réalité de cette nouvelle énergie. Ce faisant, j'ai eu l'impression que cette dernière se déplaçait d'une manière particulière : vers l'avant, en suivant une direction bien définie. J'ai laissé mon corps s'incliner vers elle, m'abandonnant sans réserve à ce que je vivais à ce moment-là.

J'ai alors indiqué à ma mère de m'imiter, de sentir comme moi cette énergie qui se propageait dans l'univers — filant dans l'espace, traversant l'atmosphère. J'ai « senti » mon esprit prendre une expansion vertigineuse, touchant tout sur son passage. J'ai vu tout cela en imagination, comme dans une rêverie — mais une rêverie que je dirigeais consciemment par mes pensées. J'ai ensuite suggéré à ma mère que nous nous rendions dans ce vide spécial, de manière à visualiser depuis cet endroit ce que nous voudrions.

— Vois-tu cela ? ai-je demandé à maman, lorsque nous avons atteint le fameux vide.

— Je vois quelque chose, répondit-elle, mais je ne sens pas *ton* vide. Il me semble qu'il y a une masse étincelante et tourbillonnante là-bas.

Elle fit une courte pause.

— Je vais tâcher de faire apparaître une porte dans mon esprit, poursuivit-elle. Je l'ouvrirai ensuite, avec l'idée que je pénètre à l'endroit où tu te trouves.

Quelques secondes s'écoulèrent.

— Bien, je vois cette énergie moi aussi, ajouta-t-elle.

De mon côté, j'avais déjà plongé mon esprit au cœur de cette énergie pour en apprendre davantage. J'ai découvert que cette dernière s'animait et s'écoulait, un peu à la manière d'un grand fleuve.

— Elle se déplace vers l'avant, comme des rapides, maman ! me suis-je écriée. Je me sens emportée dans ce courant. C'est une grande vague d'énergie en mouvement.

— Je la vois aussi, renchérit ma mère. Elle se dirige quelque part. Regarde plus loin devant et dis-moi ce que tu vois.

Je lui obéis.

— Je vois une image qui se dessine, mentionnai-je.

Je voyais en effet une échelle de corde dans mon esprit. Après l'avoir décrite, j'ai demandé à ma mère quelle en était la signification.

— Cela me semble représenter un chemin bien difficile, répondit-elle.

— Oui, je veux bien, ne pus-je m'empêcher de répondre, mais c'est ça que je vois.

J'ai immédiatement fait le lien entre cette image et ce que je voulais voir apparaître dans ma vie : une évolution positive et des revenus pour mon entreprise.

— Je pense que je reçois le message que mon affaire est à l'image d'une échelle de corde, ai-je expliqué. Il s'agira à mon avis d'une rude escalade, à vrai dire.

— Alors, pourquoi ne changes-tu rien ? me lança-t-elle sur un ton de défi.

Dans mon esprit, j'ai alors « effacé » l'échelle et j'ai vu à la place un imposant escalier de marbre blanc, comme on en voit devant la façade des grandes bibliothèques. « C'est mieux comme ça, ai-je pensé. Si je dois monter, autant le faire d'une manière qui soit gracieuse et élégante. »

— Mais pourquoi des marches ? s'étonna ma mère. Je visualiserais plutôt un ascenseur.

Bien sûr ! Cette fois-ci, nous avons senti le doux mouvement d'un ascenseur qui nous emportait sans effort vers le ciel, l'appareil étant le symbole d'une ascension rapide et facile vers le succès dans mon entreprise.

Nous avons alors ouvert les yeux. Nous nous sommes peu à peu détachées de l'expérience et nous en avons repassé les détails avec animation. Nous avons convenu que cela avait été complètement différent de tout ce que nous avions déjà fait auparavant. Il s'agissait, en réalité, de ma première rencontre maladroite avec la vague.

Ce que nous avons découvert ce jour-là, c'est qu'il existe un « endroit » accessible dans notre esprit, un endroit à partir duquel nous pouvons nous « connecter » à un courant d'énergie cosmique qui s'écoule dans une direction positive. L'image d'un fleuve est la façon dont notre esprit interprète ce qui est foncièrement trop vaste pour être compris, et c'est pourquoi il nous suggère une telle métaphore.

Depuis, j'ai poursuivi cette expérience, atteignant des niveaux plus profonds, où la vague se transforme en une masse brillante et tourbillonnante d'énergie, nouée par des fils iridescents de lumière qui s'entrelacent, formant des motifs élaborés. Chaque jet de lumière est une vague en soi vers laquelle des vaguelettes, représentant chacune un événement, une pensée ou une personne, convergent pour former les schémas d'interaction d'énergie de ma vie. En reconfigurant ces schémas, un peu à la manière d'un artisan qui brode les motifs d'un foulard, vous pouvez changer et diriger ces courants énergétiques, avant que ces derniers ne se manifestent en réalités matérielles dans votre vie.

De ces explorations surprenantes des débuts, quelques éléments sont ressortis avec une grande clarté :

1. La vague est à la portée de tous.

2. Elle se présentera à chacun sous des dehors différents, puisque nous y venons tous avec notre compréhension unique.

3. La vague est un lieu où se trouve concentrée une grande puissance d'harmonisation et de création.

4. Elle se déplace toujours dans une direction bien déterminée, qui reflète le mouvement naturel de la vie.

5. Elle semble se trouver hors de l'espace et du temps.

6. Toute pensée, tout événement, tout objet et toute situation de la vie possèdent leur propre vague d'énergie, laquelle fait partie intégrante de la vague universelle.

7. Vous pouvez avoir facilement accès à la vague en utilisant une technique de rêverie consciente, que j'appelle « rêver la vague créatrice ». Il s'agit d'une méthode très simple qui vous permet de vous rendre dans ce vaste espace énergétique, dirigeant de là-bas les changements dans votre vie.

Explorons maintenant la vague un peu plus en profondeur.

Chapitre 2

Qu'est-ce que la vague créatrice ?

Pour mieux comprendre le phénomène de la vague, nous devons parler du *corps*, de la *conscience* et de *l'esprit* — en particulier de l'endroit où se situe chacun d'eux. Commençons dès maintenant par une expérience mentale facile. Cessez votre lecture et regardez votre main. Examinez attentivement cette dernière.

Vous savez que votre main est formée de tissus, de sang et d'os. Si vous gardez quelques souvenirs de vos cours de biologie, vous savez aussi que ces dernières matières sont composées de minuscules cellules, qui sont elles-même faites de protéines microscopiques, élaborées à partir des instructions de leur code génétique. Ce code est contenu dans des chaînes de molécules, des chaînes nommées ADN ou ARN, constituées d'atomes individuels, qui sont faits à leur tour de... au fait, de quoi au juste ? Qu'est-ce qui arrive ensuite ?

Fermez les yeux et imaginez que vous pouvez voir votre main à son niveau énergétique le plus fondamental. Elle n'est plus du tout solide, n'est-ce pas ? Remarquez qu'il y a énormément d'espace entre les molécules. Vous rappelez-vous avoir déjà entendu dire que votre main est essentiellement de l'espace vide ? Elle vous semble ferme parce que les atomes la composant sont si étroitement comprimés qu'ils produisent une *illusion* de solidité — comme lorsque vous observez un nuage, qui vous semble consistant même si vous savez qu'il n'en est rien.

Alors, qu'est-ce qui se trouve entre ces atomes ? Rien ? De l'espace vide ? Est-ce *réellement* de cela dont vous êtes fait ? Cette hypothèse vous semble-t-elle raisonnable ? Votre intuition vous suggère sans doute que non mais, puisqu'il s'agit d'une question épineuse, vous préférez en rester là. « Très bien, penserez-vous. Et qui se soucie de ce dont je suis fait ? J'ai un corps et un esprit, que m'importe de savoir ce qui les relie. Lorsque je mourrai, mon âme s'envolera librement — ce qui signifie sans doute qu'elle est présentement enfermée dans mon corps, même si je ne saurais dire où elle est au juste. Je sais toutefois que, même si j'ignore où elle se trouve, je dois agir intelligemment, car tout ce qui atteint mon corps l'affecte aussi. »

Cependant, une surprise vous attend. Vous pensez peut-être que cette croyance vous a été inculquée par votre éducation religieuse. En fait, peu importe votre affiliation religieuse ou votre vision du monde, vous subissez probablement l'influence de la doctrine du *dualisme*, tant celle-ci est fortement enracinée dans toute la culture scientifique et philosophique occidentale.

Le dualisme signifie qu'il existe deux royaumes d'existence, le premier étant le monde matériel de la physique, le second, celui de l'esprit ou de l'âme. Alors que vous étiez encore enfant, on vous a appris que votre conscience est localisée dans votre corps, tandis que votre esprit en est complètement séparé, existant dans un lieu extérieur à votre enveloppe corporelle. En d'autres mots, votre esprit et votre corps occupent des mondes distincts. Ils sont divorcés l'un de l'autre et, pour dire vrai, ils ne communiquent que très peu.

Alors, ce qui se trouve dans cet espace vide, au cœur de la matière dans votre main, est un mystère que vous comprendrez à votre mort — au moment où Dieu vous dévoilera tout. D'ici là, vous devrez accepter que votre cerveau prend place dans votre corps et que votre conscience (votre activité pensante et ce qui vous donne le sentiment de votre identité) siège dans votre cerveau. Votre âme, quant à elle, habite un tout autre lieu.

Bien sûr, vous savez que le cerveau qui se trouve sous votre crâne, cette partie de vous qui lit ces lignes en ce moment, n'est pas *tout* ce que vous êtes. D'une manière ou d'une autre, votre âme, ou votre individualité, intervient (parce que chacun de nous est irremplaçable, n'est-ce pas ?), mais vous ne pouvez déterminer à quel endroit la jonction s'effectue. Après tout, il n'existe pas d'organe que le médecin puisse décrire ainsi : « Ah ! Voici le récepteur de l'âme. Il capte le signal à cet endroit, le décode ici, et vous confère votre personnalité unique. »

Plusieurs biologistes et scientifiques du domaine cognitif franchissent un pas supplémentaire. Ils ne sont que trop désireux de vous suggérer ceci : « Oubliez toutes ces histoires d'âme ! Vous n'êtes rien de plus qu'un amalgame de comportements appris et un bouillon de peptides et de molécules. Il n'y a pas d'esprit — c'est une fabulation. La conscience de soi, ou le sens de ce que vous êtes, n'est qu'un accident biologique… un effet secondaire auquel l'évolution a trouvé une utilité. »

Même si vous sentez que ce point de vue est erroné, parce que votre foi et votre spiritualité vous enseignent tout autre chose, vous êtes bien embêté de dire où se trouve votre âme — cette part de vous-même qui fait que vous êtes uniquement *vous*. C'est pourquoi il est plus facile de l'ignorer et d'affirmer qu'elle est quelque part ailleurs, dans un autre royaume. Voilà, en quelques mots, ce qu'est le dualisme.

Qu'est-ce qui cloche dans l'ancienne conception dualiste du monde ? Eh bien, cette façon de penser est aujourd'hui dépassée. La science a fait des progrès et nous, simples mortels, nous commençons à peine à adapter notre manière de penser à toutes ses découvertes. L'individu qui s'interroge sur ces questions prouve qu'il est bien en avance sur son époque — sans doute d'au moins un siècle. C'est probablement le temps qu'il faudra aux prochaines générations pour intégrer ces idées dans leur mentalité.

Pour l'instant, la plupart des gens sont coincés dans cette conception dualiste des choses. Il s'agit d'une vision du monde proposée dans les années 1600 par René Descartes, le premier à postuler l'existence des « deux royaumes » (une doctrine connue sous le nom de « dualisme cartésien »). N'est-il pas logique qu'une doctrine vieille de plus de 400 ans doive finalement s'incliner devant les plus récentes découvertes de la physique quantique ?

De nos jours, nous découvrons que l'esprit (ou l'âme) et la matière sont de plus en plus difficiles à maintenir isolés dans leur territoire respectif. En fait, plus nous essayons de creuser un fossé entre eux, plus ils semblent redoubler d'efforts pour travailler ensemble. Bien sûr, au cours des siècles, les spiritualistes et d'autres groupes de penseurs avant-gardistes avaient déjà suggéré que l'esprit et la matière étaient formés d'un même « matériau » invisible. Selon eux, seule la faible acuité de nos perceptions nous induisait à penser qu'ils étaient disjoints. Ainsi, tout comme nous créons des vagues circulaires dans l'eau en y plongeant le doigt, nos pensées se propagent dans la matière environnante et affectent physiquement cette dernière. L'esprit et la matière sont inséparables : chacune de nos pensées perturbe le monde matériel autour de nous d'une manière ou d'une autre… pour le meilleur ou pour le pire.

« Oh ! évidemment, rétorquent les scientifiques de la vieille garde, votre esprit est l'instrument approprié pour *observer* la matière autour de vous. Vous pouvez examiner les objets qui vous entourent et leurs relations, mais, à moins que vous ne tendiez la main pour les saisir, vous ne pouvez vraiment les *affecter*. »

« Pas si sûr ! » répliquent un groupe de nouveaux scientifiques surprenants, incluant des professeurs de physique, des mathématiciens et des biologistes. Un nombre grandissant d'entre eux disent maintenant : « Affirmer que votre esprit agit sur le monde — qu'il peut même le créer — n'est pas en contradiction avec les lois de la physique. Ces dernières évoluent sous nos yeux tous les jours, et elles lèvent le voile sur des phénomènes étonnants ! »

Lesquels ? D'abord, les prémonitions, l'intuition et la chance. Ensuite, le fait que les « semblables s'attirent » *et* que les « contraires s'attirent » aussi ; que nous « savons » que certaines choses sont sur le point de survenir ; que votre animal familier devine que vous êtes sur le point de franchir le seuil de la porte ; que des « coïncidences troublantes » se manifestent dans votre vie ; que la présence d'une personne saine peut aider un malade à guérir, et vice versa ; que vous pensiez à votre ami une fraction de seconde avant que la sonnerie du téléphone n'annonce son appel.

En d'autres mots, la théorie des « deux royaumes » — celle du dualisme corps/esprit — doit maintenant aller rejoindre les dinosaures dans le cimetière d'un passé révolu. De nos jours, nous adoptons le vocabulaire des champs d'énergie au point zéro, de l'espace multidimensionnel, des champs morphogéniques et de la synchronicité. Dans la petite expérience mentale que je vous propose maintenant, il importe par-dessus tout que vous jetiez sur *votre propre esprit* un regard totalement neuf.

Et qu'est-ce que tout cela a à voir avec la vague ?

J'aimerais vous inviter à jeter sur le monde un regard nouveau, à mettre de côté pour un moment votre vision habituelle de l'univers et, peut-être même, de l'âme et de Dieu. Faisons ensemble l'expérience d'une nouvelle manière de penser à notre corps, à notre conscience et à notre âme.

Dans ce modèle, votre être entier se présente comme une progression ascendante de notes musicales, de la plus basse à la plus élevée. L'écart est si marqué, en fait, que vous ne pouvez savoir où débutent les notes et où elles se terminent. Vous pouvez entendre quelques-unes des basses tonalités, celles qui correspondent à votre corps composé d'atomes et de molécules. Grimpons maintenant de quelques tons dans l'échelle. Les notes intermédiaires sont votre conscience — les entendez-vous ? Toute la journée, les tonalités de votre être vibratoire se manifestent dans votre univers mental par vos pensées, vos inspirations, vos rêves, vos intuitions, vos réminiscences, etc. Les notes les plus élevées, celles qui se trouvent tout juste hors de la portée de votre audition (parce que les notes basses de votre corps ne peuvent se syntoniser avec elles), sont celles de votre âme.

Autrement dit, vous existez en ce moment même à plusieurs niveaux énergétiques, distribués sur l'ensemble de l'octave pour ainsi dire. Votre corps et votre cerveau occupent une région qui leur est propre. Tout juste au-dessus de cette plage se trouve un autre niveau énergétique de vous-même : votre conscience supérieure, celle qui existe à l'extérieur de votre enveloppe physique. Ensuite, vient encore un autre niveau : celui de votre âme, qui s'étend sur un nombre infini de fréquences. Cependant, tous ces niveaux existent simultanément, formant un tout. Vous pouvez physiquement agir sur l'un d'entre eux (votre corps) ; vous disposez d'un accès limité au niveau suivant (votre conscience) ; et vous ne pouvez que concevoir l'existence du dernier (votre âme).

Une autre image qui décrit très bien la position respective de votre corps, de votre conscience et de votre âme est celle d'un continuum de fréquences. Une fréquence est une simple mesure du mouvement ondulatoire. Comme un professeur de physique de l'université de l'Oregon, Amit Goswami, l'explique, une fréquence exprime la « vitesse avec laquelle oscille une onde [d'énergie] ». On peut mesurer à peu près n'importe quoi en termes d'oscillations. Par exemple, le spectre des ondes électromagnétiques comprend tous les rayonnements visibles et invisibles, ce qui veut dire que vous pouvez voir la couleur d'un feu de circulation, mais que vous ne pouvez percevoir le rayonnement ultraviolet qui provoque les insolations. Le son se propage aussi sous la forme d'ondes de différentes fréquences : les chiens perçoivent des sons qui nous sont inaudibles, et nos récepteurs radio, ainsi que nos téléphones cellulaires, captent des ondes dans lesquelles nous baignons constamment — qui sillonnent l'atmosphère — mais que nous ne pouvons entendre. Le fait que notre corps n'ait pas la capacité biologique de percevoir une onde d'une fréquence donnée ne signifie pas que cette onde n'existe pas.

En pratique, nous avons élaboré toutes sortes d'instruments pour nous aider à voir et à entendre ces fréquences que notre cerveau biologique ne peut percevoir, des instruments comme les téléphones cellulaires, les radios et les télévisions qui captent les signaux satellites. Nos récepteurs enregistrent des fréquences que nos corps ne peuvent percevoir sans aide. Nous nageons littéralement dans un bain de fréquences en ce moment même ; vous n'avez qu'à penser aux milliards de conversations téléphoniques en cours et à toutes ces stations de radio qui nous bombardent. Il n'est pas étonnant que nous nous sentions submergés — l'atmosphère est sans cesse agitée par une immense quantité d'informations... sans parler des ondes cosmiques et des autres sources naturelles d'énergie de notre environnement.

Le point important à retenir ici, c'est que nos corps ont une capacité très limitée de perception des spectres de fréquences ou des vagues d'énergie. Le fait que nous ne puissions en soupçonner la présence, celle des signaux de télévision par exemple, n'en exclut pas l'existence. Tous les objets du système solaire sont faits, à la source, de vagues d'énergie (d'ondulations). Vous l'êtes, moi aussi, et ainsi en est-il du livre que vous tenez entre vos mains. Tous ce qui existe dans l'Univers constitue simplement une « longueur d'onde » particulière de cette énergie.

Imaginez maintenant que vous êtes un courant ou un flot individuel d'énergie, et que ce livre en soit un autre. Maintenant, pensez aussi à *tout* ce qui vous entoure comme à des courants particuliers d'énergie. La pièce où vous vous trouvez, quant à elle, représente une configuration de courants d'énergie : tous les objets qui s'y trouvent sont distincts de la pièce, mais ils en font en même temps partie. Autrement dit, vous êtes contenu dans cet endroit, tout en conservant votre individualité. C'est de cette manière que les courants d'énergie interagissent les uns avec les autres — ils sont à la fois indépendants les uns des autres et font partie de tout ce qui existe.

Lorsque vous saisissez bien cette notion, vous êtes en bonne voie de comprendre la vague !

Par le simple fait d'exister, vous participez en ce moment même à la création de la vague universelle d'énergie. Vous êtes une vague individuelle qui se joint à une multitude d'autres de même nature — convergeant vers la Source de la vague universelle. Vous êtes à la fois une existence autonome et une partie intégrante de cette Source, tout comme chaque objet de la pièce est à la fois contenu dans celle-ci, tout en étant séparé d'elle. Votre vague personnelle et celle de toutes les choses avec lesquelles vous interagissez se mélangent et s'influencent à tout moment, ce qui inclut vos propres pensées et celles des autres, les fréquences de la lumière et des couleurs que vous voyez *et* la danse des électrons de chaque objet physique autour de vous. Par un intéressant retour des choses, cela nous ramène à votre main. Maintenant, pouvez-vous voir ce qui se trouve dans les interstices qui en séparent les atomes ? Eh oui ! il s'agit bien de la vague — l'énergie irradiante qui crée toute chose et qui contient toute l'information de l'Univers.

Si vous ne retenez qu'une chose des paragraphes précédents, que ce soit ceci : vous êtes « beaucoup » plus grand que vous ne le croyez. En fait, vous vous déployez bien au-delà de votre corps — votre enveloppe physique n'est que la surface de votre moi intégral, comme la pelure d'une orange. Votre esprit, quant à lui, est présent à tous les niveaux de votre être, dans sa totalité. Pourtant, confiné le plus souvent dans votre modeste vague physique (votre corps), où vous êtes maintenant, vous semblez coupé de votre moi intégral. Il en est ainsi parce que votre corps est physiquement incapable de faire l'expérience de ces fréquences, ou vagues, supérieures d'énergie.

Maintenant, imaginez votre corps, votre conscience et votre âme comme des gradations dans un vaste continuum d'énergie, et non plus comme des entités distinctes et séparées. Ces « choses qui sont vôtres » existent à des niveaux toujours plus fins — depuis votre enveloppe visible (votre corps) jusqu'à votre « moi » supérieur et invisible (votre esprit et votre âme) — la conscience agissant comme un pont entre les deux. Plutôt que d'exister « quelque part ailleurs », votre âme se trouve en vous maintenant. Votre esprit et votre âme existent *ensemble* à un cheveu l'un de l'autre, tel que vous êtes. Vous n'êtes conscient que d'une minuscule portion de votre moi intégral — la portion que votre cerveau biologique limité arrive à percevoir —, soit votre corps et le soupçon de la conscience de soi que possède votre cerveau.

Une bonne analogie est de revenir de nouveau à votre main. Comment réagiriez-vous si cette dernière vous disait

« Je suis une main et rien d'autre. J'ai l'impression d'être reliée à autre chose, mais je ne sais pas ce que c'est. Chose bizarre, j'ai parfois l'impression d'être guidée et dirigée — je me retrouve dans certaines situations et je me demande comment j'en suis arrivée là, comme si des épisodes de ma vie avaient été décidés d'avance pour moi. »

La main aurait raison. Le moi intégral est, en vérité, celui qui réfléchit. Il place la main dans les situations qu'il croit les plus avantageuses pour elle lorsqu'il veut en faire usage, même si elle ignore que c'est le reste du « corps » qui décide de tout. Dans ce scénario, vous êtes votre main et votre « corps », votre moi intégral. Et c'est ce dernier qui vous place là où vous devez être.

La leçon à retenir, c'est que vous êtes à la fois votre corps, votre conscience et votre âme, des composantes qui n'existent pas séparément les unes des autres. Autrement dit, votre âme ne se cache pas quelque part — elle est tout simplement hors de portée de votre « oreille » biologique. Votre âme sait tout ; votre conscience connaît un certain nombre de choses ; et votre corps possède la perception la plus limitée des trois. Malheureusement, puisque nous sommes des créatures vivantes, c'est la perspective de notre corps qui domine. Nos pulsions biologiques, notre composition génétique, et même notre sexe, créent le filtre déformant que nous devons percer. Heureusement, notre *conscience* est là pour soulever le voile.

Pendant la journée, votre conscience est présente dans votre cerveau, et elle reçoit une vaste quantité d'informations de la partie d'elle-même qui existe dans la vague — c'est-à-dire à des fréquences plus élevées. Autrement dit, votre conscience existe à la fois à l'extérieur et à l'intérieur de votre cerveau. On pourrait dire qu'elle chevauche littéralement deux mondes simultanément — étant à la fois dans votre moi physique et votre moi immatériel, ou quantique. Votre cerveau agit comme un mécanisme merveilleusement efficace pour filtrer, analyser et mémoriser l'information. Il reçoit des quantités énormes d'informations, tant conscientes qu'inconscientes, qu'il interprète et emmagasine après en avoir tiré des conclusions. La plupart du temps, les décisions que vous prenez proviennent de votre cerveau mais, simultanément, votre conscience quantique est toujours en contact avec toute cette information, tout comme votre âme d'ailleurs. Votre conscience — et par cela, j'entends les processus cognitifs qui surviennent sur le plan quantique — comble le fossé vibratoire entre votre corps et votre âme.

La conscience est le véhicule grâce auquel vous pouvez monter et descendre le long de la gamme des états vibratoires, et ce, à chaque moment de la journée — parfois, c'est votre cerveau qui domine, tandis qu'en d'autres occasions vous accédez à des niveaux plus élevés de votre être pour prendre des décisions et gérer l'information. Lorsque vous êtes en colère, par exemple, c'est votre cerveau qui détient 100 % de l'autorité. Par contre, lorsque vous êtes dans un état méditatif, dans un état de félicité où vous perdez la notion du temps (les gens créatifs parlent souvent de cet état), vous vous élevez vers une autre région dans le spectre de l'être — là où il existe un contact plus étroit entre votre cerveau, votre conscience et votre âme. Imaginez un thermomètre à l'ancienne, dans lequel le mercure, indiqué par un trait rouge, fluctue au gré de la température. *Votre* mercure (conscience) s'élève et s'abaisse à tout moment de la journée, alors que vous accédez aux différents niveaux de votre être, selon vos besoins. Au gré de vos pensées, vous intégrez et quittez les régions quantiques plus élevées.

Pour en revenir à la vague, lorsque vous accédez consciemment à ce niveau — lorsque vous rêvez la vague , vous vous tournez résolument vers ces champs d'énergie fondamentaux, où la réalité prend forme à l'origine. *La vague créatrice* vous permet d'élargir votre accès à ces régions plus subtiles dans lesquelles la réalité physique, telle que nous la connaissons, s'élabore et se crée.

Si vous désirez en apprendre davantage sur les fondements scientifiques de la vague, passez au chapitre 7 de ce livre. Le contenu est un peu plus complexe, mais il vaut la peine d'être exploré. Pour l'instant toutefois, nous irons directement à la section suivante, où vous apprendrez à utiliser l'énergie de votre vague pour changer votre vie en accédant à la plus grande puissance créatrice qui soit.

Chapitre 3

Se préparer à rêver sa vague créatrice

Rêver sa vague créatrice est incroyablement facile. Vous n'avez pratiquement rien à apprendre, puisque vous savez déjà le faire dans les grandes lignes. Je me contenterai ici de vous offrir un aperçu de la vague, accompagné de repères pour faciliter votre voyage, d'images et de quelques instructions, afin que votre expérience soit la plus fructueuse possible.

Pour commencer, imaginez la vague comme étant un « lieu » auquel vous accédez en imagination. Après tout, qu'est-ce que l'imagination, sinon un aspect de la conscience ? Et si votre conscience est déjà en mouvement dans la vague, votre imagination s'y trouve déjà aussi, du moins en partie. En réalité, vous n'avez pas à vous « rendre » à votre vague — vous y êtes déjà, en vertu de votre faculté de penser ! Néanmoins, vous posséderez des images que vous pourrez utiliser pour « voir » cet espace. Ainsi, vous en aurez une représentation familière lorsque vous vous visualiserez là-bas ou vous y transporterez.

Vous pouvez voir la vague comme un courant étincelant et chaud sur lequel vous flottez sans effort, ou comme une cascade déferlante d'énergie cosmique iridescente — d'une façon ou d'une autre, imaginez-la s'écoulant dessous, à travers, tout autour et à l'arrière-plan de notre monde tridimensionnel habituel. Visualisez la vague comme un lieu où des structures s'élaborent, où la synchronicité et la synergie règnent en maître. Vous pouvez vous représenter notre réalité matérielle et la réalité de la vague comme les deux fibres entrelacées d'un même fil, tissant l'étoffe de l'Univers. Les actions exercées sur l'une affectent l'autre immédiatement. En agissant sur la substance éthérée (la vague), vous créez un effet sur la matière brute (la réalité) — ainsi, lorsque l'arrangement des molécules est modifié, l'eau se transforme en vin.

Peu importe la forme que vous donnez à la vague — ce qui compte, c'est que, lorsque vous y plongez (pour la durée de l'expérience), vous croyiez à son existence. Comme vous en êtes une partie intégrante, vous contribuez à l'animer et à la diriger. Pour rêver la vague, vous devez combiner une imagination vive et fertile avec de fortes émotions, orientées vers des objets précis. Dans cette rêverie dirigée, vous vous rendez à cet « endroit », hors de l'espace et du temps — votre vague d'énergie créatrice —, où votre esprit et vos désirs deviennent des forces actives et créatrices qui peuvent modifier les circonstances de votre vie. En d'autres mots, lorsque vous êtes dans la vague, vous voyez, et, ce qui est plus important encore, vous *ressentez* ce que vous désirez, exactement de la façon dont les choses se manifesteront dans votre vie.

Votre vie possède sa propre vague

Commençons par votre vague d'énergie personnelle. Pour obtenir le maximum du processus que je vous propose, vous devez accepter un certain nombre d'idées directrices. Que vous leur soyez entièrement acquis n'a pas d'importance, pourvu que vous suspendiez momentanément votre scepticisme lorsque vous rêvez la vague.

Être dans la vague, c'est admettre que :

1. La vague est un champ créatif actif, ou une conscience cosmique, dont vous faites partie. De cet

« endroit », vous contribuez à diriger votre vie uniquement par la pensée.

2. Votre vague personnelle se déplace paisiblement, ou *s'écoule*, dans une direction générale d'harmonie et de progrès, ce qui signifie aussi qu'elle vous porte vers votre bonheur et votre épanouissement.

3. Lorsque vous avancez à contre-courant de votre vague, vous créez des obstacles et de la frustration — les circonstances cessent de vous favoriser.

4. Le fait de rêver la vague — la rêverie dirigée —, combiné à d'intenses émotions, est ce qui vous permet d'y accéder.

5. De l'intérieur de la vague, vous pouvez susciter l'apparition des objets de vos désirs. Vos souhaits se *manifesteront* tant et aussi longtemps qu'ils seront en harmonie avec votre vague et avec celle des gens qui vous entourent. Si toutefois ce n'est pas le cas, ou bien vous affronterez un courant contraire si vous vous y accrochez, ou bien ces souhaits particuliers ne se réaliseront

pas — quelque chose de meilleur, davantage en accord avec votre vague, viendra plutôt à votre rencontre.

Le deuxième élément de la liste est particulièrement important. La vague n'est pas un endroit dominé par l'entropie, la désorganisation et le chaos ; elle est plutôt subtilement régie par quelques-unes des mêmes lois naturelles qui gouvernent l'Univers. Voyez, par exemple, de quelle manière tous les phénomènes naturels présentent des cycles et des saisons, de la naissance à la mort, le printemps annonçant l'été, l'automne précédant l'hiver. Les plantes germent, poussent et meurent ; l'eau des océans s'évapore, se transforme en pluie et retourne à la mer. Ces cycles ont un sens unique — le printemps ne régresse jamais vers l'hiver, les personnes ne peuvent rajeunir et l'eau des fleuves ne remonte pas vers l'amont. L'Univers est en expansion continuelle ; il ne se contracte pas.

Si vous généralisez ces observations, vous pourrez appliquer des jugements de valeur à ces processus. Autrement dit, lorsque vous allez *dans le sens* du courant, tout est « facile » et exige une dépense moindre d'énergie ; au contraire, si vous nagez à *contre-courant*, la tâche se complique et exige un surplus d'effort. Lorsque les oiseaux volent, ils le font *avec* les courants aériens. Conséquemment, ils franchissent de plus grandes distances et vont plus rapidement ; en d'autres termes, ils vivent plus « agréablement » que leurs camarades qui affrontent les vents contraires (si de tels oiseaux existent !). Comme individus, nous avons tendance à faire l'équation entre d'une part *facile* et *naturel*, et d'autre part *bon* et *progressif*.

Lorsque vous appliquez cette idée à votre propre vie, vous pouvez identifier des tendances comparables, parfois dissimulées derrière la complexité des situations. Vous pensez naturellement aux périodes où vous avez été « porté par le courant » comme à des expériences heureuses et positives. Par exemple, vous vous rappelez sans doute des épisodes de votre vie où tout fonctionnait bien pour vous. Tout était facile et les choses tombaient en place sans que vous ayez à faire d'efforts. Le dicton populaire « Allez ! Suis la vague ! » s'inspire de cette idée.

Nous voici maintenant au troisième point de notre liste. Lorsque vous vous opposez à votre propre vague créatrice, vous engendrez des obstacles et de la frustration. Le vent ne vous est plus « favorable ». Vous pouvez certainement évoquer des épisodes de votre vie où, en dépit de vos efforts, vous demeuriez « figé » sur place. Les énergies dépensées l'étaient en pure perte et les difficultés ne cessaient de se dresser sur votre chemin. Si, par votre persévérance, vous l'avez emporté malgré tout, vous gardez toutefois l'arrière-goût d'une victoire durement arrachée.

J'emploie délibérément ces expressions familières pour montrer que nous avons tous perçu des flots d'énergie qui traversaient nos vies. Et la majorité des gens, lorsqu'ils en ont la possibilité, préfèrent suivre la vague plutôt que de s'y opposer. Nous voulons voir se manifester tout ce qui peut nous faciliter la vie et avoir un effet positif. Voilà l'idée maîtresse de la technique de rêverie dirigée présentée ici.

L'expression « rêver la vague » signifie accéder à votre vague d'énergie créatrice (la conscience cosmique, le champ d'énergie créateur, etc.) en vous plaçant consciemment dans un état de rêverie dirigée (le quatrième élément de la liste). La rêverie est simplement un état de conscience naturel, un état auquel il est facile et naturel de s'abandonner. Elle vous offre un moyen simple et direct d'établir une connexion avec votre vague parce que vous savez déjà en quoi consiste cet état altéré de la conscience et comment susciter ce dernier.

En fait, c'est la raison pour laquelle la vague fonctionne si bien et si rapidement pour tant de personnes — nous savons déjà tous comment plonger dans la rêverie. Comme la courbe d'apprentissage est pratiquement inexistante, vous pouvez joindre les rangs dès maintenant et commencer à provoquer des changements dans votre vie.

La rêverie diurne, comme le rêve du sommeil, est un élément essentiel de la vie. Toutefois, très peu de recherches ont été entreprises dans le but de comprendre cette activité, ce qui fait que la fonction de cette dernière est une question encore ouverte à toutes les interprétations. Les quelques études qui ont été menées se sont attardées sur le lieu ou le contexte de la rêverie, ou encore sur son contenu (comme ses aspects freudiens). Même le véritable rôle du sommeil nocturne (ce qu'il fait réellement pour nous), qui a pourtant été étudié intensivement, reste toujours à déterminer.

Il est alors plausible de penser que la rêverie est un phénomène qui s'apparente au rêve. Cette hypothèse impliquerait que, lorsque les rêveries sont étouffées, l'esprit s'engourdit et la concentration, ou toute autre tâche, devient de plus en plus difficile. Une saine rêverie est donc une fonction essentielle à la vie.

Considérez les bienfaits que la rêverie vous apporte déjà : 1) elle vous suggère de judicieux ajustements à apporter à votre existence éveillée 2) ; elle vous guide vers vos buts ; 3) elle vous aide subtilement à évaluer et à corriger certains comportements passés et, de ce fait, elle amène votre subconscient à suivre un processus de révision mentale en temps réel.

L'expérience commune montre que les rêveries tournent souvent autour de « ce qui aurait pu se produire » ou de « ce qui aurait dû arriver ». Le rêveur émerge alors dans le rôle du héros, soit en reprenant la scène ratée à un point précis, soit en créant un tout nouveau scénario. Par exemple, vous pouvez vous imaginer en train d'avoir la pensée suivante : « *J'aurais dû* lui dire que je voulais voir mes amis parce qu'il était important pour moi de cultiver ces relations, et non que je voulais m'éloigner *d'elle.* »

Vous pouvez joindre à cette pensée la scène qui s'est déroulée précédemment dans votre esprit, et vous imaginer ensuite en train de dire votre réplique corrigée. (La contrepartie malsaine de ce genre de rêveries survient lorsque la personne ressasse constamment la scène culpabilisante ou angoissante dans son esprit, et ce, sans chercher à la modifier.)

Un autre scénario habituel est la projection dans l'avenir (ou la rêverie orientée vers un but), dans laquelle vous créez un court métrage de la situation ou de la conversation que vous anticipez. En vous représentant mentalement l'événement, vous vous préparez à le vivre, qu'il s'agisse d'une conversation avec votre patron, d'une invitation à une personne de vous accompagner ou d'un projet de vacances à Hawaï. Notez qu'il y a une différence très importante entre ce genre de rêverie et celui qui consiste à vous joindre par la pensée à votre vague d'énergie — la premier est une pâle version du second.

Dans une autre forme courante de rêverie, vous pensez vaguement aux choses que vous devez faire, jonglant avec les rendez-vous et les activités de la journée. Cela est très différent de la planification *consciente* de votre emploi du temps, où vous décidez vraiment de ce que vous allez faire — il s'agit d'une rêverie anodine. Vous ajoutez et retranchez des éléments, réarrangez le tout, puis incorporez une bonne demi-douzaine de corvées *ad hoc* que vous n'envisagez pas de faire dans l'immédiat… pour « revenir » subitement à la réalité, découvrir que vous avez perdu le fil et que la moitié des choses à faire a été oubliée.

Ce qu'il importe de noter au sujet des rêveries de ce genre, c'est que votre esprit conscient s'y absorbe rarement totalement lorsqu'il s'égare dans l'une d'entre elles. Les rêveries de cette nature se présentent comme une toile de fond, sur laquelle se jouent d'autres activités conscientes. Elles peuvent se produire lorsque vous êtes au volant ou sous la douche, ou encore lorsque vous êtes assis devant votre ordinateur au travail et que vous vous rendez compte que votre attention vous a déserté momentanément. Votre esprit s'accorde plusieurs escapades dans le courant de la journée lorsqu'il n'est pas activement engagé dans une tâche mentalement exigeante.

Normalement, vous serez ramené à la réalité d'une façon ou d'une autre et votre songe sera brusquement interrompu…

parfois, sans même vous être aperçu que vous rêviez éveillé ! Si la scène en cours n'était pas terminée au moment de l'interruption, il y a de fortes chances que vous retourniez la conclure un peu plus tard. (D'où les rêveries récurrentes.)

La technique qui consiste à rêver votre vague (une sorte de rêverie consciente) n'est pas très différente de ce que vous faites déjà. Toutefois, plutôt que de vous éveiller au milieu de votre rêverie pour découvrir que votre esprit ressassait les mêmes vieilles histoires, c'est vous qui choisissez de plonger dans cet état et qui déterminez les images que vous voulez voir apparaître. C'est cette dimension de la vague qui fait que votre songe va au-delà de votre propre conscience pour devenir un processus efficace, créateur et organisateur. Vous pouvez imaginer que, par votre rêverie, vous vous « hissez » dans votre vague, alors que votre conscience passe d'un état de conscience à un autre. La rêverie est la clé qui ouvre la porte aux champs d'énergies cosmiques capables de produire des changements dans la réalité.

Que faire si je n'arrive pas à rêver éveillé ?

Un soir, il y a quelque temps, mon mari m'a affirmé qu'il n'avait pas rêvé éveillé depuis son adolescence. Je lui ai alors demandé ce qu'il entendait par rêve éveillé.

Il m'a répondu que cet état signifiait pour lui s'asseoir confortablement, un verre à la main, et rêver vaguement à l'avenir, un peu comme un adolescent s'imaginant sous les feux de la rampe devant une foule d'admiratrices en émoi.

Bien sûr, j'ai éclaté de rire. J'ai alors demandé à mon mari s'il s'était déjà surpris à se préparer mentalement pour quelque événement chez l'éditeur qui l'emploie.

—Ne vois-tu pas ton bureau, ainsi que le livre sur lequel ton esprit travaille ? me suis-je informée. Ne t'imagines-tu jamais en train d'appeler un auteur afin de discuter d'un point obscur, répétant mentalement l'entrevue, alors que tu es immobilisé dans un bouchon de circulation sur l'autoroute, par exemple ?

—Ouais, évidemment, répondit-il, mais je suis alors perdu dans mes pensées, sans plus.

—Être perdu dans ses pensées, avoir *rompu* le fil qui nous rattache au présent, n'est-ce pas une forme de rêverie ? lui ai-je demandé. Tu n'es certainement pas *conscient* d'être égaré dans le dédale de tes pensées, alors que ton esprit prend congé de toi un moment sans te prévenir. Et que fait-il, alors ? Il voit, entend et analyse une situation hypothétique dans les moindres détails.

Il a acquiescé.

Peut-être devriez-vous réfléchir à ce que *vous* pensez du rêve éveillé si vous n'êtes pas encore à l'aise avec ce concept. Tout comme dans le cas de la visualisation, les gens sont parfois perplexes à l'idée de rêver éveillés ; ils ne s'y prennent pas foncièrement mal, mais ils craignent de ne pas obtenir les mêmes résultats que les autres. Il m'est arrivé d'entendre des personnes dire qu'elles s'attendaient à voir des images en trois dimensions lors de leurs visualisations. Leurs attentes ayant été déçues, elles se sont ensuite plaintes de « ne pas pouvoir y arriver ».

Ce qu'il leur faudrait savoir, c'est que la capacité de visualisation de chacun est très variable. Il s'agit d'une chose impossible à quantifier. Comment pouvez-vous dire que votre rêverie est plus « réelle » ou élaborée que celle d'un autre ? C'est impossible. Alors, laissez votre esprit suivre son « penchant naturel » et tombez simplement dans un état de rêverie spontané. Il connaît le chemin et il s'y rendra tout seul. Le processus du rêve éveillé ressemble en quelque sorte à celui de la respiration : si vous vous appliquez trop à bien inspirer et expirer, vous en arriverez à ne plus pouvoir respirer du tout !

Il arrive que vous deviez vous concentrer quelques minutes sur votre rêverie avant que votre esprit se glisse dans cet état. Souvenez-vous qu'il s'abandonne normalement sans votre aide consciente. C'est pourquoi, au tout début, il trouvera sans doute étonnant ou insolite que vous le preniez par la main pour l'amener à rêver. Cependant, ne vous en faites pas — les choses changeront avec l'habitude.

Soyez satisfait si vous faites l'expérience d'un, de deux ou même d'une série d'objets d'apparence réelle lorsque vous rêverez votre vague les premières fois. Les objets clignoteront possiblement dans votre esprit pendant quelques secondes avant de s'évanouir, ce qui sera peut-être suivi d'une émotion forte ou du souvenir d'un arôme. Votre esprit aime « voir », comme vous le faites la nuit dans vos rêves. Certaines apparitions ont un aspect tout à fait vivant ; d'autres ne sont que vaguement esquissées, mais vous avez une compréhension claire de ce qu'elles sont. Lorsque vous voyez quelqu'un lors d'un rêve nocturne, vous ne distinguez généralement pas les traits réels de son visage — parfois, le personnage « emprunte » même le corps de quelqu'un d'autre —, mais vous savez sans l'ombre d'un doute de qui il s'agit. Dans le même ordre d'idées, lorsque vous lisez un roman vraiment passionnant, ne reproduisez-vous pas dans votre imagination les décors dans lesquels les acteurs jouent le drame décrit dans les pages ? Bien sûr. Cela n'est-il pas similaire à une rêverie dirigée ? Évidemment !

La puissance des émotions

L'analogie avec la lecture est tout à fait pertinente pour la mise en relief de l'importance du point suivant : *vous devez ressentir de fortes émotions lorsque vous rêvez la vague*. Tout ce que vous placez dans votre vague est magnifié et dynamisé par vos émotions. Comparez ce phénomène à ce qui se produit lorsque vous vous laissez emporter par le fil d'un roman palpitant — c'est votre connexion émotive qui fait la différence entre un bon livre et un autre qui vous semble ennuyeux. Lorsque vous imaginez les scènes en parcourant le texte, vous leur insufflez inconsciemment vos émotions : la peur, le désir, la joie, l'anticipation, etc. Vous devez créer la *même ambiance émotive* lorsque vous *rêvez la vague*.

L'émotion est comme une décharge électrique qui excite et surcharge l'énergie de la vague. C'est elle qui propulse votre conscience dans la vague, comme l'essence met votre voiture en mouvement. Imaginez que vous flottez doucement sur la vague… Maintenant, représentez-vous aux commandes d'un hors-bord propulsé par vos états émotifs. Plus vous communiquerez d'émotions à la vague, plus la manifestation de vos désirs sera complète, rapide et profonde. Il en est ainsi parce que l'émotion excite l'énergie — *la volonté* —, laquelle génère une forte puissance de manifestation. Souvenez-vous que la fermeté de vos intentions, ou de vos *désirs*, stimule l'impulsion créatrice de votre vague.

« Rêver la vague » ne devrait jamais être un exercice intellectuel aride. Si vous ne pouvez faire naître des émotions dans votre rêverie, je vous suggère d'écouter à plusieurs reprises le second enregistrement du CD d'accompagnement (Exercice numéro 1 : « Votre moi émotionnel »), jusqu'à ce que vous sentiez que vous pouvez le faire naturellement.

Lorsque vous êtes dans la vague, en plus de manifester un désir intense, appliquez-vous à ressentir de la joie, de la gratitude et de la reconnaissance. Cette façon de faire explique sans doute pourquoi la prière est si efficace. Voyez-vous, démontrer de la gratitude, comme lors d'une prière, est une émotion *affirmative* — une telle émotion crée un schéma vibratoire qui reconnaît que ce que vous désirez est déjà en train de se réaliser. Ainsi, se montrer reconnaissant n'est pas qu'une attitude pieuse ; les émotions telles que l'amour, la révérence, la gratitude et la reconnaissance portent en elles une *force positive*.

La curiosité est une autre émotion puissante capable d'animer la vague — elle peut faire naître des merveilles inattendues dans votre vie. Demandez à apprendre davantage lorsque vous êtes dans la vague puisque, en fin de compte, vous ne soutirerez jamais qu'une infime partie de ce que cette dernière peut vous offrir. Prétendre déjà tout connaître, c'est faire preuve d'une étroitesse d'esprit incompatible avec ce que vous essayez d'accomplir.

Souvenez-vous qu'avancer dans la vague sans s'émouvoir, c'est comme lancer une balle sous l'eau : vous ne vous rendrez pas très loin. Alors, laissez vos émotions s'exprimer !

Votre moi émotionnel

Puisqu'il est ici question d'émotions, j'aimerais vous demander si vous avez déjà réfléchi à vos relations avec vos propres états affectifs ? On nous a appris dès notre plus tendre enfance que de tels états sont foncièrement réactifs — c'est-à-dire que ce que nous ressentons est, d'une manière ou d'une autre, dicté par les circonstances. En d'autres mots, nous attendons que les événements déterminent nos émotions, nous plaçant à la merci de personnes ou de situations sur lesquelles nous n'exerçons aucune influence. Nous ne sommes pas maîtres de nos émotions ; nous n'en sommes que les *récepteurs*, tandis que les événements nous bousculent et gouvernent nos sentiments.

En outre, nous nous attendons à ce que nos états d'âme s'adaptent aux circonstances. « Je suis si heureuse lorsque tu dis que tu m'aimes », « Je suis si triste que tu sois parti », « Je suis en colère parce que tu m'as trahi » ou « Je suis désespéré parce que j'ai perdu cet emploi-là » sont des exemples de réactions émotives convenables. Dans chaque cas, ce n'est pas nous qui choisissons nos émotions — ces dernières ont été déterminées pour nous et nous ressentons docilement le sentiment attendu.

Cette exigence nous poursuit partout. Il est interdit d'être joyeux lorsqu'une tragédie survient et il semblerait bizarre d'afficher de la consternation en touchant le gros lot — si tel était le cas, notre stabilité affective serait mise en doute. D'autres ont soigneusement défini notre répertoire de réactions émotionnelles et, le plus souvent, nous nous plions à leurs attentes. Il ne nous arrive pratiquement jamais de susciter spontanément en nous un état émotif. Nous nous contentons de subir et de réagir. Il s'agit d'une idée terriblement paralysante, n'est-ce pas ?

Imaginez maintenant que nous mettions cette idée sens dessus dessous. Plutôt que d'attendre que les autres ou les circonstances nous dictent ce que nous devrions ressentir, nous faisons d'abord naître en nous les émotions que nous voulons. Ensuite, nous laissons entrer dans notre vie les personnes et les situations qui les renforcent. Par exemple, lorsque nous nous éveillons le matin, nous sommes heureux dans l'attente de vivre une journée magnifique. Nous sommes émerveillés à l'idée que la journée nous apportera de la joie, ce qui crée un état affectif à partir de rien. Nous ne réagissons plus aux circonstances ; nous laissons plutôt les événements de la journée s'adapter à *nous*.

Si vous faites l'expérience d'adopter ce point de vue, il y a de fortes chances pour que ce soit la première fois de votre vie que vous choisissiez par vous-même un état émotionnel. Vous vous sentirez peut-être un peu ridicule d'afficher une humeur particulière sans « raison » évidente, mais les résultats pourraient se révéler étrangement spectaculaires alors que ce sont les événements qui commenceront à se plier à *votre* fantaisie, plutôt que l'inverse.

Au fur et à mesure que la journée progressera, vous constaterez à quel point il peut être difficile de maintenir ce renversement — comme si le poids du conditionnement auquel nous sommes habitués était trop écrasant. Jusqu'à un certain point, vous aurez tendance à redevenir *réactif* plutôt qu'*actif*, sans même vous en rendre compte.

Toutefois, rêver votre vague est pour vous une occasion fabuleuse de reprendre en main vos habitudes émotionnelles. L'idée maîtresse du second enregistrement du CD d'accompagnement est d'apprendre à faire naître consciemment un état affectif donné. L'émotion que vous injectez dans la vague devient le modèle que vous chercherez à reproduire dans votre vie. Toute émotion que vous vivez dans la vague revient vers vous amplifiée, au fur et à mesure que se manifestent des situations qui viennent la renforcer. Votre existence n'est pas faite pour être vécue dans la dissonance ; alors, animez la vague avec les émotions que vous souhaitez, et votre réalité se transformera pour réaliser l'harmonie !

Dans cet exercice, on vous demande de générer une émotion de joie et d'acceptation dans votre corps. Vous pouvez la ressentir à l'endroit qui vous semble être le siège de vos émotions. Il est intéressant de constater que la plupart des gens ne sentent pas ce lieu dans leur tête ni dans leur cerveau — ils le découvrent plutôt au niveau du bas-ventre et de l'estomac, et souvent dans la région du cœur et de la poitrine. En expérimentant, vous découvrirez votre centre affectif et vous sentirez vos émotions se déclencher depuis cet endroit. Vous pouvez le reconnaître à l'énergie effervescente qui cherche à jaillir en vous et hors de vous, et à vous envelopper.

Il peut être utile de vous souvenir d'un épisode de votre vie où vous avez été submergé par une vague totale de bonheur. Il s'agit peut-être de la première fois que vous avez tenu votre enfant dans vos bras et que vous avez ressenti pour lui un amour inconditionnel. Peut-être encore avez-vous vécu un épisode d'intense émotion lorsque l'un de vos proches a été frappé par la maladie, faisant naître en vous des sentiments profonds de pardon et de gratitude. Évoquez ces souvenirs afin d'éprouver le caractère absolu des émotions que vous êtes en train de créer. En projetant consciemment une couleur émotive dans votre vague, vous créerez un modèle qui attirera un plus grand nombre de ces moments magiques dans votre vie. Ainsi, si vous sentez que la prospérité financière est sur le point de frapper à votre porte, vous créez à la fois les circonstances (l'argent affluant vers vous) et l'expérience affective qui accompagne la richesse (la joie, l'acceptation, une confiance absolue dans sa source et ses effets dans votre vie). L'émotion est ce qui se projette au-dehors et « saisit » l'événement pour vous — c'est ce qui fait que la rêverie est beaucoup plus qu'une succession d'images exotiques qui papillonnent dans votre imagination. C'est l'ancre qui arrime fermement vos désirs dans votre vague d'énergie créatrice.

Avant de passer à l'étape suivante du processus, répétez cet exercice aussi souvent que nécessaire afin de devenir vraiment très habile dans l'art de canaliser l'énergie de vos émotions dans la vague.

Chapitre 4

Rêver la vague créatrice, étape par étape

Comment rêve-t-on la vague au juste ? Eh bien, après avoir écouté les pistes 4, 5 et 6 du CD d'accompagnement, vous devriez être passablement à l'aise avec la façon de procéder. Voici tout de même quelques principes de base qui guideront vos premiers pas. Rappelez-vous que rêver la vague est facile, naturel et instinctif. Il s'agit d'une activité très *personnelle* ; alors, il se peut que vous deviez adapter ce qui va de soi pour moi ou quelqu'un d'autre à votre caractère. Considérez les étapes décrites ci-après comme des directives générales.

1. Fermez d'abord les yeux et détendez-vous. Prenez quelques respirations profondes et relâchez les endroits de votre corps où la tension s'est accumulée, en particulier l'estomac, les épaules, le cou, la mâchoire et le front. Consacrez quelques instants à évacuer vos soucis, ce qui vous aidera à plonger plus intensément dans votre rêverie. Votre vague n'en sera que plus ample et plus profonde.

2. Rappelez-vous que vous êtes simplement en train de rêver éveillé. Vous n'aurez pas de difficulté à y arriver puisque c'est une chose que vous savez déjà faire — il n'y a pas de critères précis à respecter.

3. Créez une imagerie personnelle qui vous guidera dans le flot d'énergie en mouvement de la vague. Vous pourriez visualiser une arche d'énergie suspendue dans les airs, sur laquelle vous glissez mentalement et qui vous dépose dans le courant vibrant d'énergie. Peut-être verrez-vous une porte que vous ouvrez et dont vous franchissez le seuil. Si vous le désirez, vous pouvez imaginer que vous vous lancez sans préambule dans une rivière tourbillonnante d'énergie, puis que le flot vous enveloppe et emporte votre corps. Certaines personnes trouvent que le fait de bouger et de se balancer légèrement, comme si elles descendaient doucement une rivière en bateau,

facilite l'apparition de la vague dans leur esprit. Faites l'essai d'une variété d'images pour trouver celle qui vous convient le mieux.

Pour ma part, je préfère commencer en m'imprégnant de la sensation que mon corps est uniquement constitué d'énergie — je laisse mentalement s'évanouir mon être physique et je ne sens plus que la masse tourbillonnante qui compose mon corps. Ensuite, l'air et les objets qui m'entourent deviennent à leur tour de l'énergie — ils en représentent des figures différentes, un peu comme une pâte à biscuits homogène que l'on aurait découpée en mille et une formes avant d'en faire la cuisson.

Lorsque je suis au diapason de cette énergie sous-jacente, autant la mienne que celle des objets qui m'environnent, je l'observe se mettre en mouvement dans une direction particulière. Je sens que mon corps s'y « enclenche », un peu comme la secousse qu'on ressent dans une voiturette de montagnes russes lorsque cette dernière s'engage sur les rails. Quelquefois, il m'arrive même de ressentir un déclic quand mon corps s'arrime pour de bon dans la vague. Tout cela est vraiment kinesthésique — tout mon corps participe à ce qui se produit. Parfois, au cours de ce processus de mise en branle, je vois la vague venir à moi et m'entourer de ses jets de lumière étincelante. Je sens alors que j'ai atteint le cœur énergétique du monde qui m'entoure, là où les vagues individuelles de tous les objets, de toutes les pensées, se rencontrent et se fondent pour créer l'univers dont je fais l'expérience.

C'est à ce point que s'effectue une transition naturelle, où je passe d'un état de concentration intense à celui, plus détendu et aisé, de rêverie. Les jours où je suis stressée, il m'est plus difficile d'effectuer ce passage. Je dois travailler plus fort et plus longtemps pour voir et sentir ces images initiales ; quand je suis détendue et positive, au contraire, le déclic se produit beaucoup plus rapidement.

4. Lorsque vous êtes plongé pour de bon dans la vague, métamorphosez cette dernière selon votre fantaisie. Elle peut vous apparaître comme un flot d'énergie cosmique ; un filet tressé de fils translucides de lumière ; un ruisseau bienfaisant, effervescent et cristallin ; un chemin dont la douce pente vous entraîne ; ou comme toute autre représentation qui fonctionne pour vous. Sentez-la autour de vous, ainsi que le rythme auquel elle vous emporte. S'il vous semble que vous dévalez une piste de luge à toute allure, vous voudrez peut-être ralentir ; si, au contraire, vous faites du sur-place, accélérez un peu en gonflant votre vague. Soyez attentif à votre allure dans la vague et à ce qu'elle vous enseigne sur le rythme de votre propre vie.

Vous constaterez peut-être que vous avancez résolument dans une direction claire ; par contre, il peut vous arriver d'avoir l'impression de patauger dans un affluent secondaire, tortueux, ou encore de ne pas progresser du tout. Servez-vous de ces émotions comme s'il s'agissait d'un rapport de situation qui émane de votre moi intégral et qui porte sur l'état de la vague de votre vie. Il se pourrait que vous soyez, en fait, embourbé dans une situation stagnante ; si c'est le cas, imaginez-vous tout simplement en train de vous repositionner doucement au milieu du courant.

5. Vous pouvez réfléchir « à voix haute » en descendant le cours de votre vague ou, tout au contraire, faire taire votre dialogue intérieur, laissant votre esprit passer librement d'une image à l'autre comme lors de vos rêveries habituelles. De l'intérieur de ce « fleuve d'énergie », évoquez la sensation de ce que vous désirez attirer dans votre vie. Qu'éprouve-t-on lorsqu'on le possède ? Concentrez-vous sur l'émotion que vous procurera l'objet ou l'expérience, plutôt que sur la chose ou la situation elle-même. Vous découvrirez que lorsque vous imaginez ce que vous souhaitez, votre esprit se détache progressivement de la vague pour faire surgir les images et les émotions de l'avenir que vous êtes en train de créer.

6. N'oubliez pas de toujours faire usage de vos cinq sens. Sentez l'arôme de l'herbe si vous vous imaginez dans la nature, et palpez la texture d'un billet de 100 $ si vous visualisez de l'argent. Faites vôtre l'une ou l'autre des images familières suggérées dans le CD ; par exemple, imaginez que vous êtes un aimant si vous essayez d'attirer quelque chose vers vous.

7. Efforcez-vous de ressentir de fortes émotions positives pour accompagner les images que vous visualisez. Soyez vigilant lorsque vous évoquez les sentiments et les émotions dont vous voulez faire l'expérience dans votre vie. Ce que vous créez dans l'état de la vague est ce que vous demandez pour votre vie. Éprouver de la reconnaissance est une façon de confirmer que votre désir est déjà une réalité. Par ailleurs, ressentir une joie débordante est un bon moyen d'affirmer que le meilleur s'est déjà produit et que cela vous procure un état de contentement profond. Nous touchons ici un point crucial que vous devez bien comprendre : vous « pré-expérimentez » les émotions que vous désirez connaître dans votre vie. C'est donc ce que vous choisissez d'éprouver qui détermine ce que vous attirerez dans votre existence.

Pensez à cela comme si vous imprimiez dans votre champ d'énergie la couleur des émotions que vous désirez vivre le plus souvent. Si vous communiquez de la gratitude et de la satisfaction, par exemple, vous créerez les schémas sous-jacents d'énergie qui feront naître dans votre vie les situations où vous éprouverez de tels sentiments. Je ne saurais trop insister sur le fait suivant : *toute émotion dont vous colorez votre vague d'énergie refera surface dans votre vie de tous les jours.* Les situations où vous serez plongé renforceront ces émotions, si bien que si vous éprouvez de la joie, vous vivrez des événements qui vous en procureront. Si vous vous sentez libéré d'un fardeau, quelque chose surviendra qui vous soulagera du poids que vous portez. Si vous ressentez de l'amour, vous en aurez dans toutes les facettes de votre vie. Par exemple, faites des affirmations comme celles-ci : « J'adore cet emploi qui m'est littéralement tombé du ciel ! », « Je suis en amour avec cette maison que je viens de découvrir ! », « Je suis ravie de l'intimité de la relation que je vis aujourd'hui avec ma fille ! »

Rappelez-vous que *vos émotions sont des aimants beaucoup plus puissants que toutes les images que vous évoquez.* Même si vous ne percevez rien du tout, si le champ d'énergie affectif que vous générez peut remplir un « terrain de football », vous êtes en excellente posture !

8. Imaginez toute chose que vous aimeriez voir survenir dans votre vie. (Consultez le début du chapitre 5 pour une

discussion entre les désirs généraux et ceux qui portent sur des objets précis.) Ici encore, votre intention est *de former* ou de *remodeler* la vague d'énergie en fonction de ce que vous voyez et ressentez. Vous créez ainsi un plan énergétique pour votre vague et pour celles de tous les instruments et autres éléments nécessaires à la réalisation de vos désirs.

9. Rappelez-vous que vous resterez dans la vague, même après avoir cessé votre rêverie et ouvert les yeux. Dites-vous que vous avez maintenant « corrigé » votre trajectoire, reconfiguré votre énergie, et que votre vie sera le reflet des ajustements que vous venez de faire.

10. Concluez votre séjour dans la vague en vous immergeant une dernière fois dans le courant d'énergie en mouvement.

Il n'y a pas de test à passer pour accéder à la vague, ni pour s'assurer que le processus s'est déroulé correctement. Si vous sentez beaucoup d'énergie ou de très fortes émotions en relation avec les images que vous créez ou les pensées que vous avez, si vous réussissez à *voir* le courant d'énergie ou de fluide, ou encore si vous parvenez à sentir l'énergie qui enveloppe votre corps et se propage dans l'atmosphère environnant, vous saurez que *vous rêvez la vague*.

Un plan pour vous mettre en marche

La beauté de rêver la vague, c'est qu'il s'agit d'un processus incroyablement flexible — vous pouvez le faire en tout temps et à l'endroit de votre choix. Par contre, si vous voulez commencer d'une manière ordonnée, voici un cheminement à suivre qui vous aidera à vous familiariser avec la méthode.

D'abord, choisissez un moment approprié de la journée. La première semaine, vous pouvez y consacrer 15 minutes par jour… possiblement après votre toilette du matin, mais avant le commencement de vos autres activités de la journée. Par la suite, ce peut être en vous asseyant dans la voiture (avant de faire démarrer celle-ci !) pour vous rendre au travail, pendant les 15 premières minutes de votre heure de lunch ou dans votre baignoire, en soirée. Il s'agit de lieux dans lesquels votre esprit est normalement au repos, puisque vous êtes en transit entre deux activités. Il est déjà habitué à décélérer ou à « changer de régime » au cours de ces périodes, qui représentent donc des contextes naturels pour commencer votre rêverie.

Essayez d'éviter les périodes de détente qui surviennent très tard en soirée, comme lorsque vous regardez le dernier bulletin d'information. À ce moment-là, votre esprit est déjà fatigué de sa journée et il sera plus difficile pour lui de rassembler l'énergie émotionnelle dont vous aurez besoin.

Pendant une semaine ou deux, débutez en vous servant du CD d'accompagnement et faites l'un ou l'autre des exercices préliminaires (les pistes n°s 2 ou 3), juste avant de passer à la piste n° 4 (« Rêver la vague créatrice pour obtenir le meilleur de la vie »). Les exercices des deux premières pistes renforceront vos habiletés de base, tandis que la quatrième piste est conçue pour vous aider à corriger tout déséquilibre dans votre vie. Je vous recommande vivement d'écouter la piste n° 4 aussi souvent que possible — il s'agit de la rêverie la plus appropriée pour composer avec n'importe quelle difficulté de la vie et pour se préparer le meilleur avenir possible.

Après avoir fait usage de ces enregistrements pendant quelque temps, vous voudrez sans doute progresser vers les autres rêveries dirigées du CD. (Vous pourrez alors visiter le site *www.flowdreaming.com* pour y trouver d'autres CD portant sur des domaines particuliers de votre vie, par exemple sur la façon d'attirer une relation romantique, d'améliorer votre santé, de récupérer après une opération, de lancer une entreprise, d'obtenir une promotion au travail, de vous créer un style de vie opulent, de vous libérer de la dépression, et bien d'autres choses encore.)

Si vous devez affronter une problématique particulière dans votre vie, créez une rêverie originale en vous inspirant des lignes directrices offertes dans ce chapitre. Recréez cette vague quotidiennement, jusqu'à ce que vous commenciez à remarquer des changements dans votre vie. (Voir « Comment savoir si votre vague est efficace » à la page 89.)

Si vous vous demandez combien de temps vous devez consacrer à votre vague créatrice, gardez cette règle générale à l'esprit : la plupart des gens, et je m'inclus ici, trouvent difficile de soutenir l'effort d'imagination et l'intensité émotionnelle requis plus de 10 à 20 minutes à la fois. L'activité possède donc sa durée naturelle. Toutefois, vous pouvez vous y adonner aussi souvent que vous le voulez : une, deux ou plusieurs fois par jour. Il n'est pas nécessaire de rêver 15 minutes d'affilée — peut-être préférerez-vous le faire seulement 5 minutes à la fois, à quelques heures d'intervalle, pour vous repositionner dans votre vague positive au cours de la journée. Fermez simplement les yeux et faites-le !

Concevez un programme suffisamment simple pour vous encourager à persévérer. Il se peut que vous soyez incapable de trouver plus de 5 minutes par jour, quelques fois par semaine. Si c'est le cas, ne vous en faites pas : rêver sa vague créatrice, ne fût-ce que quelques minutes, est préférable à ne rien faire du tout. C'est déjà beaucoup mieux qu'au point où vous en étiez avant d'ouvrir ce livre, alors que le concept de la vague vous était totalement inconnu.

Je visite ma vague créatrice presque tous les soirs, de 10 à 15 minutes environ par session. De plus, je le fais souvent sporadiquement au cours de la journée, lorsque je sens que quelque chose ne se déroule pas selon mes attentes. Je vais dans la vague et j'essaie de changer mes exigences dans cette circonstance particulière (au cas où, sans m'en rendre compte, je nagerais à « contre-courant »). Ainsi, je me sens dériver à nouveau vers un état de bien-être, laissant simplement cette difficulté se résoudre d'elle-même, en harmonie avec mes désirs.

Images et sensations utiles pour rêver la vague

Au fur et à mesure que vous *rêverez la vague*, il est possible que vous découvriez des images ou des sensations récurrentes qui possèdent un pouvoir évocateur ou une signification spéciale pour vous. Si c'est le cas, je vous exhorte à les développer et à les employer fréquemment. En voici quelques-unes que je trouve particulièrement utiles.

- Voir ou sentir que votre corps est un aimant gigantesque, attirant à vous tout ce que vous voulez.

- Avoir la sensation de vous élever dans les airs ou d'atteindre le firmament.

- Voguer dans un courant, ou dans un fleuve d'eau ou d'énergie.

- Sentir les molécules de votre corps et celles de l'air ambiant se mêlant librement, éliminant la frontière qui les sépare.

- Imaginer une piscine ou une fontaine d'énergie contenant tout ce que vous créez dans votre rêverie.

- Connaître la sensation que vous éprouveriez si ce que vous visualisez était déjà une réalité. Vous l'accueillez avec joie, gratitude et respect.

- Sentir que la chose que vous imaginez vous enveloppe telle une couverture, ou que vous vous fusionnez et qu'elle devient une part de vous-même.

- Voir d'autres personnes venir à vous dans votre vague, pour vous aider et faciliter la réalisation de vos souhaits.

- Croire fortement que le sort vous est favorable et que la chance se manifestera à point nommé dans votre vie.

Cette liste continuera de s'allonger avec le temps, alors que vous découvrirez des sensations et des images qui fonctionnent bien pour vous.

Maintenant que vous avez bien assimilé les principes de base, il vous faut apprendre comment *rêver la vague* de la manière la plus efficace possible.

Chapitre 5

Comment obtenir ce que vous voulez de la vague créatrice

À la base, *rêver la vague* créatrice est une méthode profonde pour favoriser la manifestation de ce que vous désirez. Vous sentez l'énergie se redéployer autour de vous de telle sorte que votre vague *et* les vagues individuelles de tout ce qui vous entoure s'allient pour créer ce que vous souhaitez le plus ardemment.

La notion suivante est très importante : *la rêverie qui produit les meilleurs résultats est celle qui permet, sans aucune barrière, au plus grand nombre d'événements heureux de venir à vous.* Autrement dit, ignorez les détails et appréciez simplement la générosité, la bonne volonté, la chance, l'heureuse synchronicité et la positivité générale qui se manifestent dans votre existence en affirmant ceci : « Les choses surviennent à point nommé dans ma vie, et je suis prêt à accepter tout ce que cela comporte. »

Pourquoi cette affirmation devrait-elle être d'ordre aussi général ? Eh bien, à titre d'exercice, envisagez un moment chacun de vos souhaits comme s'il s'agissait d'une *contrainte*. Par exemple, il se peut que vous désiriez vraiment une nouvelle voiture de marque Volkswagen Beetle. Vous entrez dans la vague créatrice et vous éprouvez, dans chaque fibre de votre corps, la *sensation* que cette auto vous est destinée, à un point tel que vous vous voyez déjà chez le concessionnaire en train d'en régler l'achat.

Or, ce qui se passe ici, c'est qu'en vous concentrant uniquement sur le véhicule dans la salle de montre de ce concessionnaire vous fermez la porte à d'autres moyens de l'obtenir. En d'autres mots, vous érigez des barrières autour de la voiture, ce qui limite l'accès à d'autres possibilités que l'Univers pourrait faire naître pour vous permettre d'en prendre possession. Vous pourriez probablement vous procurer cette même Beetle pour un meilleur prix ailleurs, mais vous avez d'emblée bloqué cette avenue en vous limitant au premier scénario. La meilleure chose que vous puissiez faire est alors de donner un peu plus d'envergure à votre désir en visant le véhicule et non un moyen précis d'acquérir ce dernier.

Au même moment, il est possible que vous soyez dans la vague à la recherche d'une carrière plus prometteuse. Que se passerait-il si vous ne pouviez décrocher l'emploi de vos rêves alors que vous avez acheté la voiture tant convoitée ? Il se pourrait que la meilleure décision que vous puissiez prendre soit d'accepter un poste à l'étranger. Que feriez-vous alors de votre toute nouvelle auto ? Vous devriez la vendre ou payer pour l'entreposer. En conclusion, une nouvelle voiture n'est peut-être pas la meilleure solution pour vous après tout.

Au lieu de cela, pourquoi ne pas imaginer un moyen de transport idéal, tout en vous concentrant sur le poste taillé sur mesure qui pourrait croiser votre route ? Vous pourriez vous voir au volant de la nouvelle Beetle d'un ami qui n'en a pas besoin pour l'instant, tandis qu'au même moment l'emploi outre-mer que vous convoitiez vous serait offert. Manifestement, vous auriez découvert que vos deux désirs constituaient un « arrangement parfait » qui s'harmonisait à votre vie, mais il est fort probable que vous n'auriez pu vous-même envisager cette correspondance d'événements. Vous avez laissé à la vague le soin de tout orchestrer — vous n'avez fait que formuler vos demandes.

Il s'agit d'un exemple extrême, j'en conviens. Cependant, voyez-vous à quel point, en vous détachant des détails accessoires pour embrasser une vue d'ensemble plus générale, vous élargissez l'avenue des possibilités et permettez ainsi aux meilleures choses d'arriver jusqu'à vous ? Dans un scénario encore plus extrême, vous renoncez à l'auto *et* à l'emploi. Vous entrez dans la vague en vous sentant incroyablement heureux et en vous disant que tous vos besoins sont comblés. Peut-être y placez-vous le désir d'un travail valorisant, où vous vous rendez quotidiennement en empruntant le meilleur moyen de transport possible. Et vous vivez très confortablement dans une région en harmonie avec votre personnalité, jouissant de suffisamment d'aisance pour soutenir votre style de vie. Finalement, vous visualisez la présence d'une famille aimante et d'amis formidables qui vous soutiennent en toutes circonstances.

Tombent alors toutes les barrières qui limitent les résultats que vous pouvez obtenir parce que vous êtes réceptif à toute solution générale, la seule condition étant que tout ce que vous recevez doit vous apporter le maximum de bonheur. Vous n'avez pas de soucis parce que vous savez que tout ce que vous obtiendrez vous comblera.

Naturellement, cette sorte de rêverie ne sera pas pleinement satisfaisante si nous en sommes venus à ne nous attacher qu'aux « objets ». Nous possédons alors une vision de ce qui nous rendra le plus heureux, persuadés de le savoir mieux que quiconque. Pourtant, lorsque nous jetons un regard rétrospectif sur nos vies, nous y découvrons le même schéma récurrent consistant à vouloir d'abord une chose qui, croyons-nous, comblera tous nos désirs, à l'obtenir et à passer à la suivante, créant ainsi un cercle vicieux où nous ne sommes jamais satisfaits. Même si notre passé est parsemé de ces désirs comblés et déçus, nous en voulons toujours *plus*. Il est difficile de rompre ce cycle, et l'accent que met la société sur les objets matériels ne fait qu'entretenir ce dernier.

Un exercice que je vous propose est de simplement accepter les *meilleures choses* qui vous arrivent, et ce, pendant un mois. Imaginez un bonheur durable, de l'amour et de l'harmonie dans votre vie affective, du plaisir et de la satisfaction dans votre travail, au foyer et dans vos affaires. Acceptez ensuite ce qui se présentera, pourvu que ce soit en accord avec les désirs que vous avez largement esquissés.

Des schémas nouveaux et complexes, auxquels vous n'auriez probablement pas pensé vous-même, pourront alors se créer dans votre vie. Après tout, votre existence n'est qu'une sorte de méli-mélo où une chose dépend d'une autre ou la permet. Par exemple, vous avez besoin d'un revenu pour payer votre maison, votre salaire repose sur votre emploi et votre travail est lié à vos compétences. Si l'un des maillons de cette chaîne d'interdépendances (ou de ce « schéma d'interaction ») se rompt, tout s'écroulera.

Toutefois, en plaçant votre vie entre les mains de la vague créatrice, vous faites appel à un principe organisateur beaucoup plus grand que votre intelligence. Vous confiez à une vaste puissance créatrice le fardeau de trouver ce qui est « le meilleur » et « le plus approprié » pour vous. Votre conscience limitée est maintenant soulagée. Vous « chevauchez » la vague lorsque vous accédez à ce principe supérieur d'organisation et que vous collaborez avec lui, en affirmant ceci : « Je te fais confiance — apporte-moi ce qui me convient le mieux. Place-moi en harmonie avec le bonheur le plus élevé auquel il est possible d'aspirer, tant le mien que celui des autres. »

C'est pourquoi chacune de vos rêveries dirigées débute par votre entrée dans un courant fluide d'énergie universelle, à l'intérieur duquel vous vous détendez et sentez que vous avancez dans une direction favorable — « porté par la vague ». Et cela est inestimable parce que, même si vous gardez encore à l'esprit les objets précis de vos désirs, vous ne les croiserez dans votre vague que s'ils sont en harmonie avec les idéaux supérieurs de votre vie. Vous n'avez qu'à dire, par exemple, « Voilà ce que je veux. Apporte-moi quelque chose qui peut se concilier avec mes désirs… ou mieux encore ! »

De cette façon, vous vous libérez du rôle de policier qui règle la circulation au carrefour animé de votre vie. En déléguant cette responsabilité à la vague, vous pouvez consacrer votre temps à jouir de la richesse qui vient vers vous. Il est intéressant de constater que cette philosophie se rapproche du credo de plusieurs religions : « Remettez-vous entre les mains de Dieu » est un précepte, au fond, très similaire au dicton populaire « Vas-y ! Laisse-toi porter par la vague. »

Comment savoir que vous êtes dans la vague

Certains jours, pendant que vous *rêvez la vague,* il se peut que vous découvriez que, peu importe ce que vous faites, vous êtes distrait, sensible aux bruits de votre environnement, préoccupé par mille et un petits soucis qui surgissent çà et là. Si une telle chose vous arrive, haussez simplement les épaules « mentalement » et laissez-vous dériver au gré de la vague que vous parvenez à créer ce jour-là. Il y aura d'autres moments et d'autres occasions où vous pourrez retourner dans votre vague. Vous n'avez aucunement raison de croire que vous deviez réussir l'expérience chaque fois. Si vous éprouvez souvent cette sensation, c'est que vous vous mettez trop de pression sur les épaules. Vous devriez en profiter pour réfléchir à votre conception de la perfection ou de la réussite.

La plupart du temps, toutefois, vous dériverez dans le flot « moyen » de la vague. Cette profondeur soi-disant moyenne est personnelle, et vous la reconnaîtrez lorsque vous aurez fréquenté votre vague pendant un certain temps. Petit à petit, vous serez en mesure d'y entrer plus rapidement et plus profondément. Ne bousculez pas les choses — permettez à votre conscience d'évoluer à son propre rythme. Il n'y a pas de niveau « idéal » à atteindre. Cependant, les quelques points de repère suivants vous permettront d'évaluer l'intensité de la rêverie dont vous voudrez éventuellement faire l'expérience.

1. Pendant votre rêverie, vous perdez la notion du temps.

2. Vous ressentez des vibrations, de la lourdeur, des palpitations ou des frissons ; une décharge soudaine d'énergie en un point précis de votre corps ; une sensation de chatouillement, de caresse ou de « chair de poule ».

3. Vous voyez dans votre vague une ou plusieurs images d'une incroyable clarté.

4. Vous avez de très fortes bouffées d'émotions de courte ou de longue durée.

5. À tout moment, vous ressentez une union ou une interconnexion irrésistible avec ce que vous expérimentez mentalement (comme si votre corps et votre vision ne faisaient plus qu'un). Vous cherchez à prolonger ce sentiment d'union profonde lorsqu'il se produit.

6. Tout ce que vous imaginez vous semble véridique et sûr.

7. Des images, des mots, des émotions ou d'autres sensations se manifestent à vous — pratiquement comme s'ils émanaient d'une autre source (positive) —, vous communiquant quelque chose qui, vous en êtes persuadé, ne vient pas de vous. Il pourrait s'agir d'un message à propos d'une situation donnée, d'une vision ou encore d'une illumination soudaine mais, surtout, vous avez l'impression que quelqu'un est entré en contact avec vous et que vous venez de recevoir de l'information.
Si une telle chose vous arrive, appréciez votre chance, car il s'agit de votre moi intégral qui vous transmet un message. Acceptez ce dernier ; s'il n'est pas clair, demandez à votre

vague de vous en expliquer la signification. N'ayez pas peur de poser des questions jusqu'à ce que la communication devienne limpide pour vous. Il ne s'agit pas d'une énigme à résoudre — vous avez tout intérêt à obtenir l'information la plus explicite possible.

8. Vous faites l'expérience de prémonitions. Rappelez-vous que la vague est intemporelle et que vous êtes dans un état où le futur et le présent se mêlent librement. Si vous voyez quelque chose qui ressemble à un éclairage projeté sur votre avenir, acceptez-le avec gratitude et inondez-le d'émotions positives. (J'ai régulièrement des prémonitions portant sur des événements imminents — parfois en rapport avec le lendemain.)

9. Vous avez l'impression que vous pouvez « toucher » l'air ambiant, comme s'il s'agissait d'un liquide visqueux ou d'un gel, et vous avez le sentiment d'interagir avec lui.

10. Éveillé, vous faites l'expérience de mouvements oculaires rapides qui se produisent normalement durant le sommeil. Il vous semble que vos paupières bougent très vite sans que vous n'ayez à faire d'effort.

Imaginez-vous qu'entrer dans la vague ressemble à conduire une voiture sur une route de terre détrempée. Lors du premier passage, les pneus ne laissent que des empreintes superficielles dans le sol boueux — ils ne s'y enfoncent que très légèrement. Or, avec le temps, si vous continuez à emprunter le même chemin, les roues pénétreront plus profondément dans le sol meuble, créant de profondes ornières. De manière similaire, en refaisant souvent le même trajet dans votre vague, vous y plongerez de plus en plus profondément, au fur et à mesure que votre esprit se familiarisera avec le parcours. L'habitude sera alors solidement ancrée.

Comment savoir si votre vague est efficace

Après quelque temps, vous vous demanderez sûrement si le processus fonctionne pour vous. Pour le savoir, vous n'avez qu'à prendre conscience de toutes les occasions inhabituelles qui ont surgi depuis que vous *rêvez la vague*. Ces occasions ne sont peut-être pas liées à ce que vous essayez précisément de réaliser, mais soyez toujours attentif à leur manifestation. Une chose peut en amener une autre puisque *rêver la vague*, c'est changer les *schémas* qui gouvernent votre vie.

Pensez par exemple à la séquence entière des événements qui vous a mené à votre carrière ou à votre emploi actuel. Vous y distinguez sûrement des points tournants, là où une seule décision différente de votre part vous aurait entraîné dans une tout autre voie. Il se peut que vous ayez reçu un coup de fil d'un vieux copain et que ce dernier vous ait présenté sa sœur, laquelle vous aurait glissé un mot au sujet de son employeur qui était justement à la recherche d'une personne possédant vos qualifications… et que, peu de temps après, vous décrochiez votre emploi !

Recevoir un appel de cet ami était un peu inhabituel, mais sans plus. Toutefois, puisque ce coup de fil coïncidait avec la période où vous étiez à la recherche d'un emploi et que la compagnie employant la sœur de votre copain recrutait à ce moment-là, vous avez suivi un courant, ou bénéficié d'un concours de circonstances, qui vous a conduit là où vous êtes aujourd'hui. En d'autres mots, les choses se sont passées si facilement que vous avez eu l'impression que toute l'affaire avait été « combinée » à votre insu. Je suis persuadée que vous avez déjà fait l'expérience d'un tel enchaînement insolite de circonstances, vous indiquant à coup sûr que vous étiez *à l'intérieur* ou, au contraire, *à l'extérieur* de la vague.

En effet, il arrive aussi que nous soyons complètement *éjectés* de la vague. Voici le scénario cocasse d'une telle journée, où rien ne voulait fonctionner pour moi. Le type d'ampoules que je cherchais était introuvable à ma quincaillerie locale ; je me suis butée à la porte verrouillée du lave-auto de la station-service où je venais à peine d'acheter mon billet d'entrée ; mes vêtements, pourtant promis ce jour-là par le teinturier, n'étaient pas encore prêts ; la marque de couches que j'utilise pour mon bébé était en rupture de stock au supermarché ; j'ai été obligée de tourner en rond indéfiniment dans le stationnement du centre commercial parce que toutes les places que je convoitais m'étaient subtilisées au dernier moment par une voiture me précédant. Et j'en passe. Rien n'allait pour moi — comme si la matinée était maudite et que j'aurais mieux fait de rester à la maison.

Or, plutôt que de tempêter contre le destin, j'ai choisi de voir cette journée simplement comme l'une de celles où je suis hors de la vague. Lorsque ce genre de situation se produit, je me demande si je ne me suis pas laissé piéger dans un « courant » contraire et s'il ne serait pas mieux de rompre cette connexion d'une manière ou d'une autre. Cesser mes activités du moment, battre en retraite et reporter le tout à un autre jour a toujours été une stratégie avisée pour moi. Autrement dit, pour conjurer le sort défavorable, il suffit simplement de s'arrêter et de prendre une autre direction.

Lorsque vous voulez déterminer si vous êtes ou non *dans la vague*, remarquez si les événements s'enchaînent de manière à vous favoriser ou si, au contraire, vous sentez qu'on vous met constamment des bâtons dans les roues. L'impression de voir les choses tomber miraculeusement en place vous confirmera que vous êtes *dans la vague*. À ce moment-là, vous avez l'impression d'être au bon endroit au bon moment, de dénicher à coup sûr des occasions aussi favorables qu'inattendues et d'être poussé par le vent. Vous devriez être attentif à ces schémas, quel que soit l'objectif final que vous recherchez. Dans certains cas, vous ne les remarquerez qu'en rétrospective, comme dans l'exemple de l'emploi dont il a préalablement été question, mais si vous êtes attentif il vous arrivera de voir la chaîne d'événements se dérouler sous vos propres yeux.

Si vous êtes bloqué au cours de ce processus, c'est un indice que vous ramez vers l'amont, c'est-à-dire à contre-courant. Vous voudrez peut-être simplement prendre un peu de recul et reconsidérer vos choix actuels — par exemple, vous pourriez vouloir atteindre le même but, mais par un autre chemin. Lorsque vous vous sentez immobilisé ou coincé et que vous ne voyez que des problèmes s'amonceler à l'horizon, c'est que vous n'agissez pas dans le sens de vos meilleurs intérêts. Cela ne signifie toutefois pas que vous deviez renoncer complètement à vos buts ou que vos objectifs sont contraires à vos intérêts à long terme — peut-être le sont-ils, peut-être ne le sont-ils pas… seul le temps pourra le dire.

C'est le moment d'aller dans la vague. Imaginez que la bonne manière de procéder vous est clairement indiquée et que les occasions de réaliser vos désirs frappent à votre porte. Redirigez votre énergie vers les canaux appropriés. Si vous continuez d'être contrecarré dans vos projets, envisagez d'élargir les horizons de vos désirs, demandant que les *meilleures* choses vous arrivent, en mettant de côté les attentes trop « ciblées ». Peut-être existe-t-il des alternatives plus avantageuses mais, tant et aussi longtemps que vous resterez enchaîné à la personne ou à la situation que vous *croyez* la meilleure, le vrai bonheur restera élusif.

Faites confiance à vos intuitions

L'une des idées maîtresses de la vague, c'est que vous vous facilitez les choses. Il s'agit d'un point délicat car « facilement » ne veut pas dire « passivement ». Lorsque vous êtes dans la vague, cela ne signifie pas que vous deviez vous croiser les bras en attendant que la manne tombe du ciel, ou vous contenter de regarder le train passer parce que vous êtes trop paresseux pour grimper à bord. Souvenez-vous que « ne rien faire » est un choix, au même titre que « faire quelque chose ». L'action et l'inaction sont toutes deux, en un sens, des formes d'action.

Être dans la vague signifie plutôt chercher activement et choisir judicieusement les gestes et les situations qui sont le plus en harmonie avec son être — et c'est ce que « facile » veut dire ici. En pratique, c'est le cas lorsque vous glissez vos demandes dans la vague, que vous remarquez de quelle manière les réponses se manifestent dans votre vie et que vous agissez en fonction des résultats observés.

De nouveau, l'idée-clé est de *choisir des actions et des situations qui s'harmonisent le plus avec sa personnalité*. La vague accroîtra la fréquence de ces actions et situations dans votre vie, mais encore faut-il que vous reconnaissiez ces dernières et que vous agissiez en conséquence. Parfois, les résultats de votre rêverie seront évidents, comme lorsque vous désirez une nouvelle relation et qu'une occasion se présente à vous. En d'autres circonstances, vous devrez faire confiance à vos émotions ou à vos intuitions.

Nous sommes tous guidés par une myriade d'informations conscientes et inconscientes, ainsi que par notre intuition. Par exemple, lorsque vous êtes au supermarché et que vous avez fini de remplir votre panier, vous survolez probablement toutes les files d'attente du regard afin de déterminer laquelle sera la plus rapide. Or, vous ne vous arrêtez pas à cocher mentalement une liste de critères précis — vous soupesez l'information si rapidement que vous ne vous en rendez même pas compte. Finalement, vous vous rangez dans une file donnée, suivant en cela votre instinct, choisissant celle qui « semble » la bonne. Au contraire, si vous utilisez votre intellect pour évaluer la longueur de l'attente, fondant par exemple votre décision sur le nombre de paniers qui précèdent le vôtre, court-circuitant du même coup votre intuition, vous pourrez vous piéger sans le vouloir. En vous plaçant dans la rangée où il n'y a qu'une seule personne, mais qui conteste le montant de sa facture et réclame la présence du gérant, vous risquez d'attendre beaucoup plus longtemps que vous ne l'aviez calculé.

Suivre son intuition signifie se demander, par exemple, « Est-ce que je me sens bien dans cette situation ? Celle-ci s'inscrit-elle harmonieusement dans ma vague ? » Voici un autre exemple illustrant ce que j'entends par « sentir l'énergie de la situation ». Avez-vous déjà remarqué qu'au petit matin des journées de congés importants, comme à l'Action de grâce ou à Noël, l'atmosphère semble plus calme et plus sereine ? Lorsque vous sortez ces jours-là, l'air est empreint d'une sérénité presque palpable. La seule explication que je peux donner à ce phénomène, c'est que ces fêtes font partie des seuls moments de l'année où nous sommes presque tous vraiment « en arrêt ». Les magasins sont fermés, les gens se sentent moins stressés et la plupart en profitent pour se détendre véritablement — le constant babillage mental national *s'éteint*. Le niveau d'activité de millions de personnes est momentanément réduit au minimum. C'est comme si notre vague collective se métamorphosait, passant d'un état de bruyante agitation à celui d'une grande paix intérieure.

Lors du prochain congé important, sortez prendre l'air au petit matin et imprégnez-vous de cette émotion. Que cela soit un rappel que votre intuition est syntonisée sur le monde qui vous entoure. Faites-lui confiance, car elle vous servira de guide dans votre vague.

Chapitre 6

Rêver la vague : questions et réponses

Les questions suivantes sont celles que l'on m'a posées le plus souvent au sujet de la vague créatrice. J'espère que les réponses que j'y ai données vous seront utiles aussi.

Q. *Est-ce que je peux amener d'autres personnes avec moi dans la vague ? Si oui, doivent-elles en être informées ?*

R. Il arrive parfois que ce que vous souhaitez dans votre vie concerne aussi d'autres personnes. Peut-être désirez-vous une relation romantique passionnée avec quelqu'un en particulier ; aimeriez-vous bénéficier d'une augmentation salariale, mais ignorez-vous comment votre patron réagira à votre demande ; souhaitez-vous trouver le meilleur traitement possible pour un être cher qui est malade. Dans de telles situations, vous n'avez qu'à vous imaginer que la personne en question est dans votre vague. Il n'est pas nécessaire qu'elle soit présente ni même qu'elle sache ce que vous faites.

Entrez dans votre vague comme vous le faites habituellement. Lorsque vous y êtes complètement plongé et que vous sentez l'énergie de son flot bienfaisant, « regardez » ou cherchez dans votre esprit jusqu'à ce que vous aperceviez la personne que vous voudriez voir à vos côtés. Sentez-la chevaucher la vague en votre compagnie. Vous pouvez employer toute image appropriée pour intégrer les autres dans votre expérience : visualisez-les sur un flotteur de piscine, une planche à roulettes ou de surf ; imaginez-les ramant dans une chaloupe près de vous ; sentez-les vous tenir la main, tandis que vous avancez ensemble sur la crête de la vague. Faites usage de toute imagerie qui fonctionne pour vous.

Ensuite, ressentez les courants d'émotion qui, selon vous, favoriseront tant la réalisation de vos propres souhaits que la satisfaction des désirs des autres. Ce dernier point est particulièrement important. Voyez-vous, vous pouvez communiquer n'importe lequel de vos désirs à votre vague créatrice, mais vous devez garder à l'esprit que ce que vous voulez pourrait bien ne pas être avantageux pour tout le monde. Il vous faut donc faire preuve d'ouverture d'esprit afin que la solution rêvée convienne à *toutes* les parties. Il se peut fort bien que vous ne disposiez pas de suffisamment d'informations pour l'imaginer ; alors, souhaitez fortement que la solution qui émergera sera la « meilleure » pour tous.

Il y a plusieurs années par exemple, on a diagnostiqué un cancer du poumon chez ma grand-mère. À cette occasion, ma mère et moi sommes entrées dans la vague ensemble et nous avons senti la maladie de ma grand-mère se dissiper. Puis, nous avons imaginé que nous étions toutes les trois dans la vague. Dans mon esprit, je me suis vue en compagnie de ma mère et de ma grand-mère dans un courant bienfaisant d'énergie abondante et pétillante qui nous entraînait doucement dans la plus positive et joyeuse des directions. J'ai alors ressenti par anticipation un bonheur intense, celui que devait nous apporter les événements qui se préparaient. Peu m'importait de ne pas savoir encore avec précision en quoi cela consistait — j'éprouvais simplement ces mêmes émotions qui accompagnent tout épisode particulièrement heureux de la vie ou une guérison.

Pendant tout le déroulement de l'expérience, ma mère commentait au fur et à mesure ce qu'elle voyait afin que je puisse suivre le cours des choses (un peu de la même façon que vous vous laisserez guider par ma voix dans le CD d'accompagnement). Maman a réalisé que, plutôt que d'imaginer sa mère simplement emportée dans le courant, elle préférait la voir voyageant dans un char étincelant. Nous avons alors toutes deux aperçu grand-maman se reposant confortablement dans le véhicule, tandis que nous l'aidions à progresser dans la vague. Nous imaginions que tous les aspects de sa vie qui contribuaient à sa maladie ou à ses chagrins dérivaient derrière elle — tout cela n'étant plus utile, elle pouvait dès lors s'en débarrasser. Nous avons eu le sentiment que le traitement approprié était en marche et nous avons ensuite « vu » grand-maman rayonnante de santé.

Plus tard, nous avons répété la même rêverie dirigée en compagnie de huit autres membres de notre famille. Nous avons formé un cercle, ma mère et moi jouant le rôle de guide à tour de rôle. (Lorsque vous *rêvez la vague* en compagnie d'autres personnes, vous constatez que l'expérience est beaucoup plus intense.)

Lorsque le cancer avait été diagnostiqué, le médecin avait informé ma grand-mère qu'elle était trop âgée pour supporter la difficile chirurgie qui l'attendait. Le spécialiste lui avait dit que, dans les circonstances, elle ferait sans doute mieux d'accepter sa maladie et de tirer le meilleur parti des derniers mois qui lui restaient à vivre. Grand-mère a lors décidé de consulter un autre médecin qui, lui, a été disposé à l'opérer. Toutefois, puisqu'elle devait se faire sectionner les côtes, elle serait ensuite confinée dans une maison de convalescence de six à huit mois, une période au cours de laquelle elle devrait réduire ses activités au minimum. Elle en sortirait très affaiblie et il n'y avait aucune garantie qu'une place permanente lui serait réservée à cet endroit par la suite. Ma grand-mère a malgré tout opté pour l'opération.

Toutefois, après que ma mère et moi l'eurent invitée dans la vague à deux reprises, une nouvelle solution s'éleva à l'horizon moins d'une semaine plus tard. L'une de mes tantes avait fait la connaissance d'une dame qui avait justement bénéficié d'un traitement peu connu, lequel ne nécessitait aucune chirurgie. Il reposait plutôt sur l'utilisation d'un laser au proton, capable de cibler avec précision les cellules cancéreuses, de telle sorte qu'aucune opération n'était requise. Après avoir étudié la situation, le médecin qui œuvrait dans la clinique où avait été soignée cette dame annonça à ma grand-mère qu'elle était une candidate idéale et il lui prescrivit le traitement en question. Aujourd'hui, ma grand-mère est complètement rétablie.

Vous voyez, en persévérant dans la vague à la recherche d'une meilleure solution, notre famille a pu choisir pour ma grand-mère un traitement moins éprouvant. La thérapie aux protons — dont nous avons tout de suite reconnu la valeur — nous est apparue.

Plusieurs mois plus tard, après que des examens approfondis eurent révélé une rémission complète du cancer, ma grand-mère a consulté un médecin des environs car elle souffrait d'une vilaine grippe. Après avoir jeté un coup d'œil sur son dossier médical, le docteur lui a demandé à la blague comment il se faisait qu'elle était toujours vivante. « Vous aviez un carcinome particulièrement virulent, lui a-t-il fait savoir, vous devriez être morte ! » Ce qu'il voulait dire en réalité, c'était que grand-maman devait se considérer très chanceuse d'être en vie, et qu'un rhume n'aurait vraiment dû être que le cadet de ses soucis. Ce faisant toutefois, il lui révéla involontairement ce qu'aucun autre médecin n'avait osé lui avouer ouvertement — le fait que son type de cancer était habituellement fatal, avec ou sans thérapie. Les médecins savent bien qu'en général les renseignements qu'ils transmettent à leurs patients influencent inévitablement l'issue du traitement. Ma grand-mère ne sachant pas que son cancer pouvait la tuer, elle s'est persuadée qu'elle guérirait… et c'est ce qui est arrivé.

S'agit-il d'une coïncidence ? Peut-être. Cependant, la vague cadre très bien avec ce qui est arrivé. Elle provoque des coïncidences, de la synchronicité et l'accroissement des chances qu'a une personne d'être précisément au bon endroit au bon moment lorsque les solutions parfaites se présentent.

Q. *Comment être certain que je ne bouleverse pas la destinée des personnes que j'imagine dans ma* **vague** *créatrice ?*

R. Tant que vous intercédez en faveur des autres, vous ne faites que les aider à vivre des expériences qui les rapprocheront de leur propre plénitude. J'ai fait récemment la rencontre d'une femme qui s'était remariée et dont la fillette avait, par le fait même, hérité d'un beau-père. Puisque le nouveau venu était aimant et bon à son égard, l'enfant a facilement reconnu en lui une nouvelle figure paternelle. Or, le père biologique était blessé, jaloux d'avoir été supplanté dans le cœur de sa fille. Un conflit naquit entre les deux hommes : lequel serait le « vrai » père ? La petite pouvait-elle les appeler tous les deux « papa » ? Le différend entre les deux rivaux s'est amplifié, et la fillette s'est sentie à la fois troublée et coupable — un résultat que ni l'un ni l'autre des deux « pères » n'aurait souhaité pour elle. La mère m'a alors demandé ceci : « Puis-je utiliser la vague afin de déterminer lequel des deux hommes devrait être le père de mon enfant ? »

La première chose que nous avons faite a été de reformuler le problème : « Allons dans la vague, ai-je suggéré, et affirmons plutôt : "Je sens que les deux hommes placent leur ego au second plan et agissent pour le bien de ma fille. Je les vois se présenter à tour de rôle, laissant leur instinct paternel le plus noble s'exprimer. Ils ne pensent qu'à donner de l'affection à la petite et trouvent dans leur cœur ce qu'il y a de mieux pour elle. Je la vois ensuite sourire, remplie d'amour pour les deux hommes. Je sens qu'un échange survient, duquel émerge une solution idéale qui convient à tous. Nous sommes tous si heureux du dénouement et enchantés parce que cette nouvelle situation est déjà réalité, ce que j'accepte avec gratitude." ».

Ce faisant, nous avons soulagé cette femme du fardeau de trouver seule la meilleure solution — nous avons délégué à la vague la tâche de nous offrir un éventail infini de possibilités. Plutôt que de nous restreindre au répertoire nécessairement limité de réponses d'un seul individu, nous avons ouvert la porte à toutes les personnes impliquées, élargissant à l'infini la recherche et le choix d'une solution originale. Chacun des deux hommes se vit offrir une occasion d'être à la hauteur de son potentiel paternel et de manifester un intérêt authentique pour la fillette, sans pour autant s'engager dans une rivalité destructrice. Comme vous pouvez le voir, la vague offrira toujours une solution qui permet à tout le monde de trouver son compte.

Vous ne devriez jamais croire que quelque chose est trop beau pour être vrai. Dès que vous le faites, vous vous fermez des avenues. Tant que vous demandez que toute personne invitée dans votre vague reçoive le meilleur traitement possible, vous affirmez, par le fait même, que vous serez traité de la même manière. La règle d'or de la vague pourrait se formuler ainsi : *toute énergie que vous placez dans la vague, dirigée sur vous-même ou sur toute autre personne, viendra alimenter celle qui vous entoure.* Ainsi, non seulement la haine, la colère et le désir de vengeance étouffent-ils la créativité de votre vague, mais aussi ces mêmes sentiments réapparaissent-ils avec une intensité redoublée dans votre vie. Il s'agit d'une réalité énergétique incontournable. (Cela constitue simplement une autre façon de reformuler la règle d'or.)

Q. *Que faire si je ressens des émotions négatives dans la vague, telles que de l'inquiétude ou de l'anxiété ?*

R. Canaliser ses émotions dans la vague peut s'avérer la partie la plus ardue pour certains, en particulier pour ceux qui ont l'impression qu'il est irrationnel de ressentir quelque chose sans raison. Ces personnes abandonnent alors rapidement les sentiments positifs et heureux qui les habitent en entrant dans la vague et leur esprit retombe dans ses vieilles habitudes.

Elles se « réveillent » au beau milieu de leur rêverie pour découvrir qu'elles se font du mauvais sang pour un motif ou pour un autre, et la panique s'empare d'elles : « Oh non ! Je vivrai encore plus d'angoisses et d'inquiétudes dans ma vie, puisque c'est ce que je viens d'éprouver dans la vague ! »

Vous ne devez pas vous inquiéter — rappelez-vous que ce qui importe ici, c'est l'ensemble du *processus*. Par exemple, si vous vous sentez préoccupé alors que vous êtes dans la vague, quelle qu'en soit la raison, vous n'avez qu'à imaginer que la solution appropriée dérive vers vous. Prenez simplement conscience de l'émotion négative et sentez-la glisser hors de vous, s'éloignant dans un lumineux sillage d'énergie réparatrice. Vous pourriez même la voir exsuder de votre corps comme une vapeur grisâtre avant de s'éloigner rapidement, de s'évanouir à l'horizon et de disparaître à jamais.

Vous avez reconnu un état émotif négatif et en avez créé le remède d'un seul tenant. En outre, vous avez élaboré un modèle pour vous libérer d'une angoisse de l'intérieur de votre vague, afin de vous en affranchir dans votre vie. Vous avez planté la semence énergétique de la *libération* de cette émotion.

Vous pouvez aussi affirmer quelque chose comme ceci : « La situation qui m'inquiétait a été corrigée. Une solution a été trouvée et j'accepte qu'elle prenne place dans ma vie aisément et rapidement. Je constate l'amélioration à l'instant même et j'en éprouve une immense reconnaissance. Mes prières ont été exaucées. »

Incidemment, l'affirmation « Mes prières ont été exaucées » est l'une des plus puissantes qu'il vous soit possible de prononcer dans la vague. Employez-la régulièrement.

Q. *Que faire si rien ne survient et si je ne « vois » rien dans la vague ?*

R. Parfois, les gens ferment les yeux, écoutent le CD… et ne voient rien. Cette absence d'imagerie les déçoit et leur anxiété ou leur agitation ne fait qu'accentuer leurs difficultés. Les images n'en seront que plus difficiles à susciter. Dans une telle situation, les personnes partent généralement d'idées préconçues qui les empêchent de vivre pleinement leur expérience dans la vague créatrice. Parmi celles-ci, il y a la notion que les images doivent provenir d'un monde extérieur, par voie de communication. Les gens se placent donc dans une attitude de récepteurs passifs, attendant que quelque chose arrive. Il est vrai que nos images mentales semblent souvent venir d'une source extérieure intelligente qui les aurait créées pour nous. Toutefois, lorsque vous *rêvez la vague, vous* créez et dirigez l'ensemble des images et sensations initiales. Ce qui provient d'une source « externe » est un boni.

Certaines personnes entrent dans la vague, perçoivent le flot d'énergie et perdent leur concentration. Leur esprit vagabonde et elles sombrent dans une rêverie décousue. Elles ont simplement perdu le contrôle volontaire de leur rêverie. La solution consiste alors à recommencer le processus jusqu'à arriver à retrouver la maîtrise de celle-ci. (Ici encore, cela ne représente pas vraiment une difficulté pour la plupart des gens.)

Les personnes handicapées visuellement peuvent *rêver la vague* aussi bien que les autres. Plutôt que de la « voir » dans leur esprit, elles l'explorent simplement avec les autres sens qu'elles utilisent normalement dans leur vie quotidienne.

Finalement, si vous vous sentez « rouillé » dans la pratique de la rêverie, souvenez-vous que c'est *vous* qui êtes aux commandes ici. Vous créez et concevez toutes les mises en scène. En d'autres mots, vous pouvez inventer tout ce que vous voulez — et vous ne « trichez » pas lorsque vous le faites. Si votre imagination est lente à démarrer, aidez-vous de séquences de films populaires pour vous lancer. Servez-vous d'images de couloirs interstellaires, de matrices ou de toute autre scène que vous avez vue au cinéma et qui est restée gravée dans votre esprit. Votre imagination fera le reste.

Q. *Rêver la vague semble être une excellente méthode pour changer l'avenir. Cependant, puis-je aussi modifier le passé ?*

R. Nous avons beaucoup discuté de la manière dont la vague peut influencer votre avenir et de la façon dont vous devez l'employer pour que vos désirs se transforment en réalités. Cependant, qu'en est-il du passé ? Puisque vous accédez véritablement à l'Esprit universel — en d'autres mots, à tout ce qui est, était, ou sera coexistant dans un environnement extraordinairement riche de possibilités cosmiques en fermentation —, le passé ne devrait-il pas être aussi facilement accessible que l'avenir ?

Absolument. Je ne suggère toutefois pas ici qu'il vous soit possible de revenir en arrière et de revivre physiquement votre passé. Toutefois, ce que vous pouvez faire, c'est de sauter dans la vague et de changer *mentalement* toute situation dont vous avez gardé le souvenir. Même si la possibilité de modifier les événements passés est exclue, en changer le cours sur le plan *énergétique* demeure une option fructueuse. La plupart d'entre nous n'ont jamais essayé d'en faire l'expérience auparavant parce qu'on ne nous a jamais dit que c'était possible, et encore moins comment le faire. Or, parlez-en à tout physicien moderne, incluant le célèbre astrophysicien Stephen Hawkins, et il vous dira que le voyage dans le temps est une possibilité parce que les lois de la physique ne l'interdisent pas. Il sera toutefois incapable de vous dire comment y arriver. Un jour, peut-être, par l'intermédiaire d'un état supérieur de la conscience, découvrirons-nous la clé qui nous permettra de solutionner le mystère du voyage réel dans le temps.

Néanmoins, la raison pour laquelle il est intéressant de modifier les événements passés sur le plan énergétique, c'est qu'on crée la possibilité d'une nouvelle conclusion alors qu'il n'en existait qu'une seule auparavant. Dans votre vague, vous effectuez essentiellement une « transition », passant d'un résultat donné (la situation matérielle survenue dans le passé et que vous avez acceptée) à un nouveau scénario que vous créez dès lors. Si plusieurs de vos choix et certains aspects de votre vie aujourd'hui ont pour cause cette expérience particulière, ne voyez-vous pas qu'en modifiant les effets énergétiques de tel ou tel événement vous permettez à de nouveaux choix et à de nouvelles occasions de se manifester dans votre vie ?

Par exemple, j'aimerais vous expliquer comment j'ai fait cette découverte. Un jour, alors que je visitais ma vague créatrice, un souvenir de mes années d'école secondaire a jailli dans mon esprit : un garçon qui me plaisait bien m'avait finalement remarquée, s'était approché de moi et m'avait demandé s'il pouvait m'aider à transporter mon encombrant projet scientifique scolaire. Même si j'en avais plein les bras, j'étais si timide alors que je lui ai dit que je m'en sortirais très bien toute seule. Il m'a de nouveau offert son aide puis, après un autre refus de ma part, il s'en est allé. Il n'a plus jamais essayé de me donner un coup de main ni même de me montrer de l'intérêt par la suite. J'imagine qu'il avait dû faire un effort considérable pour surmonter sa propre timidité maladive et que mon refus l'avait effarouché pour de bon.

Pendant des années, je me suis reproché d'avoir été aussi étourdie. Le souvenir de cet événement est demeuré gravé dans ma mémoire. Je me suis longtemps demandé secrètement s'il s'agissait vraiment d'une timidité d'adolescente ou de l'expression précoce d'un besoin débilitant d'autosuffisance, un besoin qui m'empêche encore aujourd'hui d'accepter de l'aide. Profondément plongée dans ma vague, j'ai évoqué l'image de ce garçon et j'ai rejoué toute la scène. Cette fois-ci, j'acceptais son aide. Nous plaisantions et bavardions en nous dirigeant vers la voiture de ma mère, où nous avions rangé le module qu'il avait transporté pour moi.

Bien plus que de simplement voir la scène, je la *vivais*. Je ressentais ma timidité originale (et la sienne) ; je savourais ces instants où nous parlions et riions ensemble avec beaucoup de naturel. Dans ma rêverie, nous avons décidé de devenir copains. J'éprouvais ces émotions dans tout mon corps et je souriais de bonheur, assise dans mon fauteuil, assistant au spectacle qui se déroulait dans ma vague. Qui plus est, j'avais le sentiment que c'était *cette* version de l'histoire qui était la vraie et j'ai laissé tomber l'autre — j'ai alors senti l'événement réel quitter mon estomac, l'endroit où j'avais l'impression de le retenir prisonnier.

En sortant de la vague, j'ai constaté qu'un changement significatif s'était aussi produit dans ma réalité. Jamais plus ce souvenir du passé ne reviendrait me hanter parce que j'étais certaine de l'avoir corrigé sur le plan énergétique. Souvenez-vous que votre vague, en tant que manifestation énergétique de votre conscience, existe à la fois à l'intérieur et à l'extérieur de l'espace et du temps. Elle contient donc tout ce que vous avez vécu. Réécrire les données — en inscrire de nouvelles en fait — est une façon parfaitement légitime de changer sa vague.

Q. *Je médite déjà ; en quoi rêver la vague est-il différent ? Puis-je conjuguer les deux approches ?*

R. Il y a aujourd'hui des myriades de variations sur le thème de la méditation. Plusieurs, la technique zen par exemple, sont devenues avec le temps des disciplines achevées. D'autres sont basées sur des outils de méditation spécialisées, comme la technique de la respiration pranique des yogis ou les mantras formalisés, et peuvent nécessiter des années avant d'être parfaitement maîtrisées.

Peu importe la forme qu'elles empruntent, les différentes méditations ont toutes des points en commun, entre autres le principe central de la recherche du silence intérieur et d'une complète paix de l'esprit. Pour y arriver, les sujets apprennent à se concentrer sur leur respiration ou sur une image unique, ou bien ils émettent un son particulier, « oommm » ou « ahhh », ou encore ils utilisent un chant parlé pour fixer leur attention sur un point précis. Le but est d'empêcher l'esprit de bavarder de tout et de rien. (« *Est-ce que j'y suis ? Zut ! Mon esprit était paisible, et voilà que j'ai tout gâché quand je me suis demandé s'il l'était vraiment, et que j'ai rompu le silence. Combien de temps dois-je encore demeurer ainsi ? Est-il nécessaire pour moi de méditer plus longtemps parce que je ne cesse de dialoguer intérieurement ? C'est bon, le silence revient [silence]. Bien, combien de temps cela a-t-il duré ? Oh ! à peine 30 secondes…* » Et cela continue.)

Lorsque notre babillage mental s'éteint, notre cerveau commence à émettre des ondes alpha qui agissent comme un pont entre l'esprit conscient et l'esprit inconscient. Les ondes alpha sont associées à la visualisation et à la rêverie. Des recherches antérieures sur le biofeedback ont démontré qu'une personne peut accroître le nombre d'ondes alpha qu'elle produit par la détente et la visualisation consciente d'images dans son esprit. Un état de méditation plus profond suscite des ondes thêta, qui représentent l'accès à l'esprit inconscient ainsi qu'à la créativité, aux souvenirs, aux émotions, aux perceptions et aux sensations.

Semblable en cela à la méditation traditionnelle, aller dans la vague est une manière de modifier son état mental afin d'accéder à ces ondes cérébrales profondes. En fait, des études récentes ont montré que la rêverie, à l'instar de la méditation, peut vous mener à un état générateur d'ondes thêta.

Toutefois, contrairement à la méditation traditionnelle qui s'applique à imposer le silence à l'esprit, le but d'un séjour dans la vague est d'*occuper* entièrement le mental en lui présentant un riche éventail de thèmes à explorer. En sentant l'énergie bouillonner en vous, en humant son parfum salin, en regardant le fleuve étincelant, en percevant le frémissement de l'énergie en mouvement, en ayant dans la bouche le goût de l'eau pure et cristalline de la montagne, vous mobilisez tous vos sens et votre esprit dans un état de concentration totale. Autrement dit, vous êtes bel et bien dans un état méditatif. Or, plutôt que de rappeler sans cesse votre esprit à l'ordre en lui ordonnant brutalement de se calmer, ce qui le rend encore plus indiscipliné, vous lui offrez une variété de stimulations en le guidant pas à pas à travers les sensations de votre vague créatrice.

De plus, contrairement à la méditation traditionnelle, la rêverie est une habitude qui, comme le rêve nocturne, nous est déjà familière. Il s'agit d'une fonction naturelle qui fait partie de la vie et qui joue un rôle critique dans notre psyché. En substance, rêver la vague est à la rêverie ce que le rêve lucide est au rêve comme tel. Les deux injectent une direction consciente dans le rêve ou l'état méditatif.

Ceux qui pratiquent déjà la méditation méritent d'être louangés, car il s'agit d'une discipline dont la maîtrise représente un grand défi. Si vous le faites déjà, vous ajouterez à la vague le contrôle absolu de votre esprit, ainsi que l'habileté de pénétrer à volonté dans un état de conscience altéré. Lorsque vous êtes en contact avec l'énergie de la vague créatrice, il vous semble peut-être insolite de faire exactement l'opposé de ce que vous faites normalement en méditant — plutôt que de vivre l'expérience du « vide », vous emplissez l'espace avec des « rêves » consciemment dirigés. Dès que vous vous serez réconcilié avec cette façon de faire inhabituelle, vous ferez probablement l'expérience, lors de vos premiers essais, des émotions et de l'imagerie riche et clairement focalisée de la vague. Assurément, *rêver la vague* et méditer sont de bonnes disciplines à pratiquer simultanément, puisque les deux se complètent à tous les points de vue.

Q. *Puis-je recevoir de l'information lorsque je suis en contact avec l'énergie de la vague créatrice ? En d'autres mots, puis-je m'adresser à mon moi intégral pour lui demander de me guider ?*

R. Certainement. Vous remarquez sans doute à l'occasion que vous semblez recevoir de l'information pendant que vous êtes en contact avec l'énergie de votre vague créatrice — c'est comme si un message qui ne provient pas de votre esprit vous avait été « transmis ». Souvenez-vous que rêver la vague implique l'ouverture d'un passage, ou l'ascension d'une succession de paliers, vers le moi intégral. Si le vôtre a quelque chose à vous dire, il trouvera un moyen de le faire, que ce soit par une image ou simplement par un trait d'une grande lucidité qui vous viendra à l'esprit. Soyez attentif lorsqu'une telle chose se produit et ne manquez pas de manifester de la reconnaissance. N'ayez pas peur de solliciter des éclaircissements si nécessaire. Vous pouvez aussi demander que surviennnent un événement qui viendra renforcer ou valider les conseils que vous avez reçus.

Chapitre 7

La science derrière la vague créatrice

Ce chapitre reprend là où le chapitre 2 s'était arrêté — il vous permettra d'en apprendre davantage sur la philosophie et les fondements scientifiques de la vague créatrice, sur ce que j'ai moi-même découvert sur le sujet au cours de mes années de recherches et sur les raisons qui sont à l'origine de l'efficacité d'une telle approche. À la suite de mes premiers tâtonnements, je me suis lancée dans l'étude de tout ce que je pouvais trouver dans le domaine afin de prendre connaissance de ce qui avait peut-être déjà été écrit sur cet endroit merveilleux que représente la vague créatrice.

Ce que j'ai constaté, c'est que la vague est un amalgame de plusieurs disciplines, incluant les fondements de la psychologie élaborés par C.G. Jung au tournant du siècle, la synthèse de deux tendances qui ont émergé dans les années 80 — la synchronicité et la visualisation créatrice, les révélations récentes sur le sens de la conscience, la psychologie transpersonnelle, la pensée systémique et la théorie des quanta. À cela vient s'ajouter l'apport de nouvelles disciplines en rapide évolution, comme la biophysique, l'étude des énergies fines, la médecine et la psychologie énergétiques, qui nous offrent un éclairage particulier sur le monde de la vague créatrice.

Toutes ces disciplines présentent une caractéristique commune : elles soutiennent l'idée que notre esprit n'est pas isolé, ni autonome, ni largement impuissant face aux événements de notre vie. Au contraire, il s'agit d'une force créatrice puissante, aux ramifications multiples, une force non localisée et en continuelle expansion. L'esprit est à l'œuvre dans l'espace et le temps, tels que nous les connaissons ; par contre, il est aussi *hors* du temps et de l'espace, habitant son propre domaine créateur, que j'appelle la vague et que d'autres ont nommé « conscience cosmique ». Comme vous le savez déjà, l'esprit est tout autant un aspect du cerveau qu'une entité qui en existe *indépendamment*.

Que tant de disciplines si différentes soient arrivées à cette même conclusion est une chose remarquable. Dans le monde scientifique, l'esprit, la conscience et la trame de l'Univers même sont de plus en plus perçus comme étant inextricablement liés. Considérez par exemple cette description, faite par le docteur Charles Tart, de la connexion esprit/Univers telle qu'on la comprend en psychologie trans-personnelle. L'auteur y présente l'Univers comme « un organisme vivant et intelligent qui existe dans une dimension spirituelle et dont les phénomènes matériels constituent un sous-ensemble[1] ».

L'idée révolutionnaire que la conscience ou « l'esprit » puisse exister tant dans le cerveau que séparément de celui-ci, et ce, dans une dimension dite spirituelle, est de plus en plus admise. Elle fait des adeptes, non seulement chez les « premiers convertis » (incluant les parapsychologues et les personnes d'orientation religieuse ou spirituelle), qui en avaient l'intuition mais qui ne pouvaient le prouver dans le monde de la physique de Newton, mais aussi chez les scientifiques œuvrant dans les domaines, qui se recoupent fréquemment, de la recherche sur la conscience et de la théorie des quanta.

Dans cette nouvelle perspective, l'esprit n'est plus considéré comme une entité isolée, se réduisant entièrement à un ensemble de processus chimiques et d'impulsions électriques

— peut-être en est-il ainsi du cerveau, mais l'esprit est bien davantage que cela. La conscience est dès lors libérée du corps physique et ce n'est que maintenant que nous commençons à comprendre la signification d'une telle liberté ainsi que des ramifications qui en découlent.

Préciser *l'endroit* où existe l'esprit dans le spectre d'énergie est un sujet brûlant d'actualité. Le lauréat du prix Nobel de physique Eugene Wigner par exemple, ainsi que d'autres physiciens d'orientation holistique, ont émis l'idée que l'Univers est dépositaire d'une sorte de conscience cosmique (la vague) dont nos modestes esprits feraient partie.

Le physicien Michio Kaku, cofondateur de la théorie des cordes, a émis l'hypothèse qu'il pourrait y avoir 10 dimensions ou même davantage dans notre Univers, ce qui a conduit d'autres scientifiques à spéculer que l'esprit pourrait fort bien occuper l'une d'elles. Bien sûr, nous avons de la difficulté à conceptualiser 10 dimensions, tout comme un poisson confiné dans un étang très peu profond et qui ne peut qu'avancer, reculer ou tourner en rond ne peut comprendre ce que signifie *en haut* ou réaliser que tout un monde (ou *dimension* dans son univers) existe au-dessus de la surface de l'étang[2]. Tout comme ce poisson, nous nous accrochons à l'idée que notre esprit n'existe que dans notre cerveau parce que nous n'avons pas de « preuves » qu'il puisse en être autrement — notre conscience n'ayant jamais eu accès à ce qui se trouve « en dehors de l'étang ».

Ces idées causent en nous tout un émoi parce que, dans le monde newtonien, celui dans lequel nous avons grandi, on nous a enseigné que chacune de nos pensées et chacun de nos souvenirs sont essentiellement un arrangement séquentiel de neuropeptides stockés dans la vaste banque de données de nos tissus cérébraux. Dans cette conception, les pensées dérivent d'impulsions électriques entre les neurones. Les éclairs d'intuition, les élans créateurs, les états transcendants, les impressions de mystère, de révérence ou d'amour inconditionnel ainsi que les expériences extrasensorielles y sont tous expliqués en termes de réactions biologiques, des sous-produits du parcours évolutif de l'humanité.

Même si vous avez l'impression que le texte que vous lisez présentement forme un ensemble de connaissances ou d'idées, on vous a dit qu'il s'agissait simplement de « transformations » biologiques de mots imprimés en structures physiques, lesquelles s'expriment en vous par des pensées et de la compréhension. Selon ce modèle, chacune de vos pensées serait, à la source, générée sur le plan des molécules et des atomes. Ce sont les charges positives et négatives des protons et des électrons qui produiraient, en dernière analyse, votre magnifique répertoire de pensées, de croyances, d'émotions, d'impressions et d'intuitions. Votre personnalité et la conscience que vous avez de vous-même ne seraient rien de plus que le produit de la chimie organique du cerveau.

Heureusement, cette explication, dont plusieurs scientifiques ont reconnu l'insuffisance de toute manière, cède la place à une nouvelle interprétation des choses. Dans celle-ci, l'esprit pourrait se situer dans l'une des 10 ou 11 dimensions de l'Univers de Kaku ou, comme Wigner le suggère, à l'intérieur de la conscience cosmique. Le physicien Fred Alan Wolf a décrit la conscience comme un océan vaste et enveloppant car, dit-il, « la conscience est tout, elle remplit l'Univers[3] ».

Ainsi, votre esprit, votre conscience, qui existe partiellement ou entièrement à l'intérieur de cet océan cosmique, remplit l'Univers lui aussi. Il est à la fois aussi isolé qu'une seule goutte d'eau dans la mer et aussi immense que l'océan lui-même, car cette minuscule goutte est en même temps une représentation holographique du tout. De plus, la théorie des quanta suggère que la « vague » n'est, en fait, ni « ici » ni « là », mais qu'elle est tout ce qui existe, a déjà existé ou possède le potentiel de se manifester en un même lieu et un même instant — essentiellement, partout à la fois. Tout comme une émission de télévision transmise par satellite, cette énergie prend place *partout* dans l'atmosphère. Elle a seulement besoin d'être captée par une antenne, en l'occurrence le cerveau, qui est le récepteur de l'esprit. Votre moi biologique « syntonise » différents événements, ou possibilités, dans votre vie à partir du répertoire infini qui se retrouve dans la vague. Cette dernière se veut l'endroit où existe maintenant la potentialité de tous les événements.

Chaque problème qui se dessine dans votre vie est en même temps porteur d'innombrables solutions potentielles — et vous seul choisissez celles qui voient la lumière du jour. Dès que vous avez une pensée, vous créez un nouveau flux d'énergie. Une pensée n'est qu'une « action invisible » — et lorsque vous posez un geste physiquement, faisant passer ce livre de votre main gauche à votre main droite par exemple, vous créez un flux d'énergie qui se traduit cette fois par une action visible.

Que ce soit en pensée ou en action, vous avez choisi, parmi des millions de possibilités, de faire ce que vous faites maintenant. De plus, à tout moment, vous pouvez choisir entre des millions de nouvelles options. En tant qu'êtres humains, nous devons réaliser que ce concept nous échappe facilement et nous nous enfermons dans le nombre restreint de choix qui semblent disponibles. Nous nous sommes habitués à un éventail étroit et familier de possibilités et nous « oublions » tous les autres choix qui nous sont pourtant offerts.

Dans le même ordre d'idées, vous pouvez imaginer que votre cerveau est comparable à un récepteur radio ou télé. La pensée et la compréhension sont diffusées vers cet appareil, en provenance d'une substance plus fine (qui peut être physique ou non) que vous pouvez vous représenter comme existant au-dessus de la surface de « l'étang » de la réalité. Votre cerveau enregistre les données qui lui parviennent par le biais de vos sens *et* traduit celles qui proviennent « d'au-delà de l'étang », amalgamant les deux sources pour créer la conscience.

Ce lien quantique entre la conscience et l'énergie universelle s'est révélé au moment où les scientifiques se sont butés à un certain nombre de dilemmes intéressants en cherchant à repousser les frontières de la science. Par exemple, l'une de ces énigmes vient du fait que, pour mesurer objectivement un phénomène, une particule quantique par exemple, l'observateur doit éviter de le « toucher » ou de le perturber — il doit garder une distance suffisante de manière à ne pas contaminer l'objet même qu'il tente d'observer. Or, cela est en fait impossible.

Il a été mathématiquement démontré que toute personne qui perçoit une particule influence celle-ci par sa conscience — imaginez l'observation comme l'acte « d'étendre » la conscience afin d'éprouver ou de « toucher » ce que vous percevez —, détruisant par le fait même l'objectivité de l'observation. Ainsi, l'esprit et la matière ne font qu'un parce qu'aucune distance ne peut être créée entre les deux. Et pourtant, paradoxalement, une division existe bel et bien.

Cette observation est étonnement similaire à une seconde particularité de la théorie des quanta, une particularité connue sous le nom d'*interconnexion quantique*. Nick Herbert, Ph. D., la décrit bien lorsqu'il affirme ce qui suit : « Dans la description quantique de deux objets, lorsque ceux-ci interagissent brièvement et que vous les éloignez ensuite, d'un point de vue descriptif à tout le moins, ils ne se séparent jamais vraiment ; il existe une sorte d'adhérence qui les relie et ils demeurent en contact pour toujours. Ils ne se séparent jamais bien qu'ils n'interagissent plus [...] Le théorème de Bell prouve que cette connexion [...] existe effectivement dans le monde réel[4]. »

Ce qui précède suggère que nous devrions repenser de fond en comble la relation fondamentale entre notre esprit et la réalité physique, car cela signifierait que notre conscience, existant *à la fois* dans la vague cosmique *et* dans notre cerveau — imprégnant les deux —, touche et par conséquent affecte tout ce qui est, était et sera ; de plus, elle *est toujours en contact* avec tout ce qu'elle a déjà effleuré. Alors, cet accès permanent se traduit-il par notre capacité *d'agir sur* notre réalité ou de *changer* cette dernière par la pensée seulement ?

La gouverne des événements de notre vie par la pensée est décrite, dans le langage populaire d'aujourd'hui, comme le *pouvoir de manifestation*. Il s'agit de l'idée que la conscience seule peut transformer le monde matériel. En termes simples, il est possible de *faire naître quelque chose à l'existence en y pensant*. Considérez les résultats d'un article récent publié par Dean I. Radin et Roger D. Nelson de l'université Princeton. Ces deux physiciens ont statistiquement analysé les résultats de plus de 30 années d'études multidisciplinaires authentifiées (au-delà de 800 d'entre elles), où l'on demandait à des sujets d'influencer le fonctionnement de divers appareils dans un contexte excluant l'effet du hasard. Radin et Nelson ont conclu qu'il était en effet « possible de prévoir, avec un degré modéré de confiance, qu'un déplacement positif (ou négatif) anormal de la moyenne des distributions sera observé[5] ».

En d'autres termes, dans plus de 800 études, ils ont remarqué un effet consistant où l'esprit — c'est-à-dire la seule pensée — a pu agir sur la réalité.

Si un individu peut influencer les résultats de tests routiniers et contrôlés, seulement par sa *pensée*, sa *volonté* ou son *intention*, vous pouvez aisément imaginer les implications de la généralisation de ce phénomène à la réalité de tous les jours. Pour prendre un exemple banal, cela signifierait-il que vous pourriez recevoir l'offre d'emploi rêvée simplement en *vou-*

lant que les choses en soient ainsi ? Dans le même ordre d'idées, pourriez-vous connaître une relation romantique idéale juste pour avoir souhaité ce genre de situation ? En quoi ces exemples diffèrent-ils, au fond, de la modification intentionnelle du fonctionnement d'un appareil de laboratoire ? Dans tous les cas, l'esprit exerce une influence sur la matière et ce qui survient provient d'un même effort fondamental. Chaque fois, c'est l'esprit qui, dans son océan (ou sa vague) de conscience, agit à travers son *intention* de changer quelque chose. Il est donc raisonnable d'admettre que la conscience d'un individu peut diriger ou modeler à volonté la réalité de la personne.

Rêver la vague est à la fois une approche philosophique, de plusieurs décennies en avance sur son époque diront certains, et une technique destinée à vous aider à explorer votre potentiel créatif afin de modifier et de diriger les circonstances de votre vie. La vague n'est qu'une métaphore — une image concrète — pour décrire cet océan de conscience. On pourrait aussi l'imaginer comme une énergie superfine, une vibration créatrice, un champ unifié ou encore un « niveau » ou un « endroit » dans une autre dimension, où coexistent toutes les choses qui sont, ont été et seront. Il peut être aussi utile de la voir comme un endroit où le temps et l'espace *n'existent pas*. Vous pouvez imaginer la vague comme le précurseur de l'espace et du temps — le matériau brut dont les deux sont fabriqués.

Un vieux dicton affirme que « personne ne vieillit au Paradis ». En d'autres mots, nous portons déjà en nous la conviction qu'il existe un lieu où le temps n'a pas d'emprise. Le temps n'est qu'un outil que nous employons dans notre monde tridimensionnel pour aller de l'avant. Sans lui, nous serions figés là où nous sommes maintenant, incapables du moindre geste. C'est lui qui nous permet de participer au mouvement. Dès que nous bougeons, nous employons cette monnaie d'échange pour aller de là où nous étions à l'endroit où nous voulons nous rendre. Allez-y, faites l'essai de poser un geste sans y investir de temps — vous ne pourrez éviter de faire cette dépense. Toutefois, puisque la vague est la substance sous-jacente du cosmos, le précurseur énergétique de toute réalité physique, elle est en elle-même une zone intemporelle.

Lorsqu'une portion de votre moi intégral a quitté cette zone pour entrer dans la réalité physique, vous avez accepté le temps et l'espace comme un « médium » dans lequel les événements de votre vie s'expriment d'une façon linéaire — pour faire l'expérience de la réalité graduellement, un fait à la fois, plutôt que de l'embrasser dans son ensemble d'un seul regard (un peu comme un artiste choisit le « médium » de la peinture pour exprimer ses idées sur la toile). L'idée d'un état énergétique où le temps et l'espace n'existent pas peut être aussi difficile à concevoir qu'une nouvelle couleur. Faites en l'essai et vous verrez que cette dernière vous apparaîtra toujours « semblable » à une autre que vous connaissiez déjà — une variation du rouge, du vert, du blanc ou même de la transparence.

Incidemment, il est bon de rappeler que les notions de karma, de chemins de vie, d'événements prédestinés ou d'itinéraires tracés avant même la naissance se marient mal avec le point de vue de la vague créatrice. À l'extérieur du monde basé sur le temps linéaire, hors de la réalité matérielle, tout événement peut potentiellement exister à l'instant même — il n'y a ni « passé » ni « avenir ». La vie évolue et se déroule comme une recréation continuelle de *l'instant présent*. Vous pouvez imaginer votre existence comme un tableau de couleurs en constant changement. Dans ce scénario, vous êtes l'artiste, créant et projetant votre vision de l'avenir, d'instant en instant. Ce n'est que lorsque vous pensez être prisonnier du temps que vous percevez votre existence comme une peinture à numéros, dont le dessin et les couleurs auraient été prédéterminés depuis toujours.

Dans cette zone intemporelle, vous reconnaîtrez que chaque événement est simultanément créé et expérimenté *par vous* et *pour vous* à de multiples niveaux de réalité — vous ne faites que vous syntoniser sur une « fréquence » particulière de votre propre expérience. Élaborer une nouvelle expérience est aussi facile que de changer d'idée. Cette philosophie tient compte de notre faculté d'apprendre, de changer grâce à nos expériences et de prendre les décisions ponctuelles favorisant notre croissance continue. Voilà autant de facteurs qui ne cadrent pas très bien avec les notions de karma et de destinée.

Aussi déconcertant que tout cela puisse sembler à première vue, cette philosophie implique que, si vous croyez à la réalité des existences antérieures, ces vies passées — ou toute autre vie en cours quelque part dans l'Univers physique — se déroulent simultanément en théorie. En naissant, vous avez ouvert les yeux à un seul fragment de cette expérience. Bien que *nous* voyions la réalité à travers un filtre linéaire qui nous enferme dans notre portion du temps, dans le plus vaste schéma des choses, toutes les époques existent potentiellement en ce moment même. Cela veut dire que des parties de vous pourraient exister en même temps dans plusieurs vies se déroulant à des époques différentes —, alors que vous vivriez toutes ces expériences séparées seulement « par un clin d'œil ». Ainsi, une parcelle de votre esprit pourrait faire partie de la conscience d'un chevalier médiéval, une autre habiter une fillette d'une Chine futuriste, une troisième exister dans un paysan de la Russie révolutionnaire, tandis qu'une autre encore lirait ces lignes, ici et maintenant, au XXIe siècle.

Puisque votre moi intégral existe dans un lieu intemporel, le meilleur moyen pour vous d'apprendre ne serait-il pas de vous placer dans plusieurs situations physiques simultanément, tirant profit de chaque événement de chaque vie comme d'une expérience d'apprentissage dont bénéficierait l'ensemble instantanément ? Existe-t-il une meilleure façon d'apprendre, de grandir et d'expérimenter ?

Pour que cette idée devienne plus claire à vos yeux, imaginez votre moi intégral comme un être énergétique de très grande dimension, et vos vies, ou vos corps, comme des gants différents. L'être en question insère tout simplement un aspect de lui-même dans plusieurs gants à la fois. Quand il désire se défaire de l'un d'eux, il en retire son énergie vibratoire. La mort nous apparaît comme un bouleversement majeur dans une perspective limitée — or, du point de vue élargi du moi intégral, l'existence se poursuit comme avant, sauf que l'être énergétique a retiré son énergie d'un minuscule fragment de la réalité physique. Lui-même n'est pas vraiment différent. Le changement le plus significatif se produit à travers les milliards d'expériences qu'une « enveloppe » particulière, l'un des gants, vit au cours de son existence physique — des expériences qui, en s'additionnant et en interagissant, influencent le moi intégral et lui confèrent de nouvelles formes.

L'idée maîtresse ici est qu'il n'y a pas de séquences linéaires, sauf lorsque nous envisageons cet aspect de notre point de vue terrestre. Notre adhésion obstinée à une compréhension linéaire des choses est ce qui a motivé tant de philosophies à défendre le point de vue selon lequel nous « apprenons des leçons » d'une vie à l'autre, chacune des vies s'appuyant sur la précédente à travers une longue et patiente progression, ou encore selon lequel nous en sommes à notre dernière vie. La vérité est plus vaste que cela.

Voyez-vous, nous sommes toutes ces choses à la fois et nous choisissons de faire l'expérience de ce que nous voulons à l'instant même. Nous n'avons pas à « tout organiser » *avant* notre naissance, car en tout temps notre moi intégral procède aux réglages qui s'imposent et s'ajuste en fonction de ce qu'il apprend de seconde en seconde. Si quelque chose *est* « prédestiné », c'est simplement que votre moi intégral a décidé qu'il en serait ainsi dans notre vie linéaire à un moment précis. L'instant de la décision aurait pu se produire n'importe quand — peut-être même quelques secondes plus tôt, pour ainsi dire, puisque son origine se trouve au-delà du temps.

Comprenez-vous la puissance formidable dont vous héritez ? Vous n'êtes plus à la merci d'un « karma en cours », alors que vous seriez pour toujours condamné à « régler de vieilles dettes », attendant qu'un malheur ou un autre vienne s'abattre sur vous en guise de réparation pour des fautes que vous auriez commises dans une existence antérieure. Bien sûr, votre moi intégral est libre de désirer l'harmonie vibratoire et la symétrie dans votre vie, cherchant à réaliser un équilibre entre les situations énergétiques qu'il rencontre. Il n'est cependant plus prisonnier d'une trame de rétributions et de représailles éternelles.

Rappelez-vous l'image du gant. De notre point de vue biologique limité, nous considérons la vie comme une glace sans tain : l'Univers entier nous observe, mais, lorsque nous le regardons à notre tour, tout ce nous voyons…c'est notre propre gant.

L'énergie de la vague créatrice est un outil qui peut vous aider à faire se manifester tout ce que vous désirez dans la vie. Toutefois, pour en obtenir le maximum de bénéfices, vous voudrez sans doute en étudier d'une manière plus approfondie les principes en lisant un des nombreux livres qui touchent de près ou de loin le sujet. L'étude de la théorie des quanta, de la psychologie de C.G. Jung, de la relation corps/esprit, de la thérapie énergétique, de la visualisation créatrice et de la synchronicité vous révélera d'étonnantes similarités avec un aspect ou un autre de la vague. En apprendre davantage sur les principes de l'énergie de la vague créatrice fortifiera votre compréhension scientifique du sujet et procurera à vos expériences dans le domaine un fondement psychologique solide.

Quelques-uns des meilleurs auteurs ou enseignants en la matière incluent Shakti Gawain, Arthur Koestler, le docteur Wayne Dyer, Deepak Chopra, le docteur Charles Tart, Jerry et Esther Hicks, Fritjof Capra, C.G. Jung, Fred Alan Wolf, Jeffery Mishlove, Dean I. Radin, Roger D. Nelson, Nick Herbert, F. David Peat, Rupert Sheldrake, ainsi que plusieurs autres qui ont contribué significativement à la compréhension de la théorie quantique et/ou au rôle que joue l'esprit dans le monde matériel.

Annexes

Mode d'emploi du CD

Le CD d'accompagnement contient cinq enregistrements qui vous aideront à commencer votre exploration de la vague. Je dis « exploration » car, au cours des années où j'ai mis en pratique ce processus, j'ai découvert qu'il s'agissait d'une technique qui évolue constamment. Je me présente toujours comme une éclaireuse qui a parcouru une partie du territoire et qui vient rendre compte de ses découvertes.

Bien que ce CD soit une introduction à l'énergie de la vague créatrice, vous n'atteindrez jamais un point où vous aurez vraiment dépassé l'une ou l'autre des explorations qui vous sont suggérées. Il en est ainsi parce que, au fur et à mesure de votre progression, votre expérience de chacune d'elles s'approfondira et évoluera.

Permettez-moi ici de traiter de chacun des enregistrements d'une manière plus détaillée.

—Piste n° 1 Introduction

—Piste n° 2 Premier exercice : « Votre moi émotionnel ». Il s'agit d'un exercice destiné à accroître la conscience, et donc le contrôle, du moi émotionnel. La maîtrise de cet exercice vous aidera à générer la volonté affective nécessaire pour créer dans la vague créatrice des rêveries fortes et efficaces.

—Piste n° 3 Deuxième exercice : « Votre moi énergétique ». Cet exercice vous aidera à prendre conscience de l'énergie sous-jacente qui compose votre corps et toute autre chose. Il devrait vous permettre de vous sentir à l'aise avec la notion que vous êtes, à l'instar de tout ce qui vous entoure, constitué d'énergie. Vous accepterez plus facilement la philosophie fondamentale de la vague créatrice, et l'ensemble du processus paraîtra plus réel à vos yeux.

La notion que vous êtes fait d'énergie est familière à plusieurs d'entre vous sur le plan théorique. Or, avez-vous déjà « ressenti » cette énergie ? Dans cet exercice, nous explorerons la constitution énergétique de notre corps. Sentir ne serait-ce qu'une étincelle de cette énergie pourra éveiller dans votre être entier le désir de plonger dans l'expérience globale de la vague créatrice. Puisque l'ensemble du concept repose sur l'énergie, il est raisonnable pour vous de charger à bloc votre conscience avec l'énergie de votre moi.

Nous commençons par sentir l'énergie quantique qui circule dans notre corps, et ce, à travers les méridiens ou les sentiers d'énergie. Plusieurs pratiques de médecines alternatives (bioénergétiques, en particulier) mesurent et traitent l'énergie du corps. Les thérapies énergétiques en émergence envahissent une grande partie du champ des traitements holistiques. Lorsque vous rêvez la vague en vous mettant en contact avec votre moi énergétique, vous renforcez votre connexion avec les états vibratoires de votre moi intégral. Ce bref exercice vous présente les régions de votre corps les plus susceptibles d'emmagasiner et de régulariser l'énergie quantique. Pratiquez-le dès que vous sentirez que votre niveau d'énergie est faible et considérez-le comme une étape préparatoire à votre exploration de la vague.

— **Piste n° 4 Troisième exercice : « Rêver la vague créatrice pour obtenir le meilleur de la vie ».** Cet exercice vous emporte « droit dans la vague ». Son but est de vous repositionner dans votre propre vague créatrice, là où tous les éléments de votre bien-être et d'une existence plus agréable peuvent commencer à se frayer un chemin jusqu'à vous. Lorsque vous écoutez cet enregistrement, vous vous abandonnez au jugement de votre moi intégral, entre les mains duquel vous remettez la maîtrise de votre vie. Faites-le jouer aussi souvent que possible.

— **Piste n° 5 Quatrième exercice : « S'inspirer de la vague créatrice pour obtenir l'abondance financière ».** Cet exercice vous aidera à ouvrir de nouveaux canaux afin que plus d'argent et davantage de prospérité puissent affluer dans votre vie.

— **Piste n° 6 Cinquième exercice : « L'énergie de la vague créatrice peut vous conduire à la plénitude émotionnelle et à des relations harmonieuses ».** Cet exercice peut vous aider à remodeler les énergies qui accompagnent les relations difficiles de votre vie — tant romantiques que familiales — afin que vous puissiez jouir de l'amour et du réconfort auxquels vous avez droit. Il peut aussi vous être utile pour attirer de nouvelles relations remplies de joie.

J'espère que le processus vous sera agréable !

Des ressources pour la recherche

Les sites Internet suivants peuvent orienter vos prochaines recherches dans le domaine de la conscience. La présente liste n'est pas exhaustive, mais elle représente un bon point de départ pour ceux et celles qui désirent en apprendre davantage sur la science quantique à la base de la vague créatrice.

Flowdreaming.com
www.flowdreaming.com
Si vous désirez en savoir plus sur la vague créatrice, visitez mon site ; vous y trouverez d'autres articles sur le sujet et

vous pourrez entendre des extraits de CDs qui vous aideront à accéder à l'énergie de la vague créatrice. Vous pouvez vous inscrire à ma liste de correspondance électronique afin de recevoir les toutes dernières informations sur la vague créatrice ou sur tout autre sujet connexe..

PEAR (Princeton Engineering Anomalies Research)
www.princeton.edu/~pear/

L'objectif du Princeton Engineering Anomalies Research est de mener des recherches afin d'obtenir une meilleure compréhension du rôle de la conscience dans la réalité physique.

Boundary Institute
www.boundaryinstitute.org

Cet institut étudie des phénomènes associés à la conscience et, en dernière analyse, à la nature de la réalité elle-même.

Society for Scientific Exploration and Journal of Scientific Exploration
www.scientificexploration.org

Cette organisation offre un forum pour examiner les phénomènes négligés par la science officielle. Son énoncé de mission comporte l'affirmation que « les anomalies d'aujourd'hui pourraient bien être les technologies de demain ».

Rhine Research Center: Institute for Parapsychology
www.rhine.org

Le centre emploie des principes scientifiques pour étudier la parapsychologie, incluant la télépathie, la voyance, les prémonitions, la psychokinésie et la survie de la conscience après la mort.

Fred Alan Wolf, physicien
www.stardrive.org/fred.shtml

Le docteur Wolf combine la physique quantique et les études sur l'esprit, l'âme, la matière et le soi.

Michio Kaku, théoricien de la physique
www.mkaku.com

Tel que mentionné précédemment, le docteur Kaku est le cofondateur de la théorie des cordes et l'auteur de succès internationaux de librairie, tels que *Hyperspace*, *Vision* et *Beyond Einstein*. Ses révélations sur le caractère multidimensionnel de notre monde sont tout simplement renversantes.

F. David Peat, physicien
www.fdavidpeat.com

Le docteur Peat est un théoricien de la physique. Ses recherches sur la synchronicité, vue comme un pont entre l'esprit et la matière, sont particulièrement intéressantes.

International Consciousness Research Laboratories
www.icrl.org

International Consciousness Research Laboratories regroupe des représentants du monde académique de trois pays, des gens qui appartenant à cinq disciplines différentes qui explorent le rôle de la conscience dans le monde matériel. ICRL a été développé à l'université Princeton par les fondateurs du Princeton Engineering Anomalies Research (PEAR).

Dean Radin, physician
www.deanradin.com

Le docteur Radin est le fondateur de la Consciousness Research Laboratory, qui mène des recherches sur les phénomènes psychiques.

The Laboratories for Fundamental Research
www.lfr.org

Ce site offre un lien avec le Cognitive Sciences Laboratory, qui effectue des recherches sur les phénomènes d'anomalies mentales. Leur programme STAR GATE, appuyé par le gouvernement, est bien connu de nos jours.

Références

Chapitre 7

1. Consciousness: A Psychological, Transpersonal and Parapsychological Approach, Charles T. Tard. *Cet article a été présenté au Troisième Symposium sur la science et la conscience de l'Ancienne Olympe, du 4 au 7 janvier 1993.*

2. *Hyperspace: A Scientific Odyssey Through Parallel Universes, Time Warps, and the 10th Dimension*, par Michio Kaku.

3. Transcription de *Thinking Allowed ® Conversations on the Leading Edge of Knowledge and Discovery — "Physics and Consciousness with Fred Alan Wolf" — with Jeffery Mishlove, Ph.D.* © Thinking Allowed Productions.

4. Transcription de *Thinking Allowed ® Conversations on the Leading Edge of Knowledge and Discovery — "Consciousness and Quantum Reality with Nick Herbert, Ph. D." — with Jeffery Mishlove, Ph. D.* © Thinking Allowed Productions.

5. « Evidence for Consciousness-Related Anomalies in Random Physical Systems », D.I. Radin et R.D. Nelson. *Foundations of Physics*, vol. 19, n° 12, p. 1499-1514, déc. 1989.

Au sujet de l'auteure

Summer McStravick est productrice de réseau et directrice de la programmation de **HayHouseRadio.com**, un poste de radio sur Internet lancé par Hay House Inc., une maison d'édition de premier plan dans le domaine du développement personnel, fondée par Louise Hay. Dans son rôle de productrice, Summer se consacre principalement à la création d'un nouveau type de radio interactif qui inspire, instruit et élève l'âme. En plus de réaliser toute la programmation diffusée en direct sur le web chaque semaine, Summer coanime l'émission hebdomadaire *The Power of Intention* en compagnie du docteur Wayne W. Dyer et *Radio for your Soul Premier Hour* (qui présente de nouveaux penseurs dans le domaine de la croissance personnelle et du bien-être holistique), et anime sa propre émission, *Flowdreaming*.

Dans cette dernière, Summer présente aux auditeurs la technique qui a radicalement transformé sa vie. Étudiante de longue date de la métaphysique et de l'esprit, elle fit l'expérience spontanée de l'énergie du rêve en 1999, lorsqu'elle remarqua que la technique spéciale du « rêve éveillé dirigé », une technique pratiquée dans sa famille, s'était transformée en « quelque chose » qui surpassait en puissance et en efficacité tout ce qu'elle avait expérimenté jusqu'alors. Sa curiosité ayant été piquée par ce phénomène, elle s'est plongée dans l'étude des toutes dernières recherches sur la conscience et la physique théorique. Au cours des années qui ont suivi, elle s'est appliquée à perfectionner la technique familiale. Le fruit de son travail est maintenant disponible dans une série de CD qui guide l'auditeur à travers le processus de l'énergie de la vague créatrice. Aujourd'hui, Summer utilise l'énergie du rêve presque quotidiennement dans sa propre vie et elle enseigne aux autres à accéder à cet aspect important d'eux-mêmes.

Vous pouvez en tout temps communiquer avec Summer pour partager avec elle les résultats heureux de votre expérience dans la vague créatrice. L'auteure est toujours heureuse d'apprendre de quelle manière ce processus a pu aider les gens. De plus, elle est périodiquement disponible pour donner des conférences ou accorder des entrevues.

Sire Web : **www.flowdreaming.com**
Courriel : **summer@flowdreaming.com**
Courrier :
    Flowdreaming
    P.O. Box 230519
    Encinitas, CA 92024

AdA Inc.